JN253770

幸せに生きる
ひとりの法則

江原啓之

GENTOSHA
幻冬舎

幸せに生きるひとりの法則

はじめに

人はみな、ひとりで生まれ、ひとりで死んでいきます。

家族との縁が薄い人や生涯独身を貫く人だけではありません。今は家族がいる人も、今は配偶者がいる人も、今は子どもに囲まれて暮らしている人も、いつかはひとりに戻る日が来るのです。

そんなことは考えたくもないという人もいるでしょう。けれどその日は必ずやってきます。心の準備はできていますか？　実際にひとりで生きていくことができるでしょうか？

本書は「幸せに人生を生ききる」ための覚悟と智慧《ちえ》を手に入れていただくために生まれたカウンセリングの本です。

漠然とひとりで生きている人に対して「本当にそれでいいのですか？」と問いかけ、家族や子どもがいて「ひとりで生きることを考えたことすらない」人には、人はみなひとりだという真実をお伝えしながら、「ひとりで生きることが怖い」「ひとりで生きていく自信がない」という人のために、不安を手放し、自律して生きていくためのアドバイスを随所にちりばめました。


親が死んだらどうしよう……。

結婚できなかったらどうしよう……。

離婚することになったらどうしよう……。

子どもを持てずに終わるのだろうか？

子どもが巣立ったあとはどうなるのだろう？

病気になったら誰が世話をしてくれるのか？

お金がなかったら老後はどうなるのだろう？

このままでは寂しい最期《さいご》を迎えることになるのではないか？

ワーキングプアが深刻化する一方で、消費税は上がり、かといって老後の保障はおろか、年金さえあてにはできない。人々の心は荒《すさ》み、人間関係の摩擦が絶えない。こうした日本の現状を受け、先立つものがない、頼る人もいない、と自分の将来に対する不安を抱えている人は大勢いると思います。

けれど「どうしよう、どうしよう」と鬱々《うつうつ》と過ごしていても埒《らち》があきません。

そもそも悩んだところで景気が回復するのでしょうか？　突如として人間関係が良好になるなどということが起きるでしょうか？

エリック・バーンというカナダの精神科医は「他人と過去は変えられないが、自分と未来は変えることができる」と言いました。スピリチュアリズムの観点からも、これはまさに真実。人が変わるのを待つのではなく、まず自分が変わる。自分の価値観が変われば、周りの人も、未来も、変えられるのです。

どうすれば不安を手放すことができるのかについて考えることなく、悶々《もんもん》とした日々を過ごすことは、「人生の無駄遣い」を意味します。

人生は一瞬一瞬の積み重ね。楽しい今の積み重ねが楽しい一日を作り、楽しい一日の積み重ねによって楽しい一週間、楽しい一か月、楽しい一年が生まれるのです。死ぬときに「幸せな人生だった」と言える人は「今」を無駄にしていません。

人が現世で何を学ぶか。このことについては各々のカリキュラムがあるため一概には言えませんが、喜怒哀楽という感動を通してたましい（人格）を磨くために生まれてきたという点はみな同じ。そうである以上、誰の人生も艱難辛苦《かんなんしんく》と共にあります。

それでは、幸せに生ききる人と、不幸な人の違いはどこにあるのでしょう。

幸せ上手な人は、いついかなるときも感謝の気持ちを忘れていないのが特徴的。たとえ試練に見舞われても学びへと昇華する理性的な心を備えているのです。

一方、あれこれとネガティブな妄想を膨らませ、ため息をついて過ごしている人は、幸せの数を無視して不幸の数を数えるのが得意技。幸せ上手な人が自分の価値観というものを確立しているのに比べ、世間体《せけんてい》を優先し、「超高齢化社会」「孤独死」「老後破産」といった言葉に闇雲に怯《おび》えた挙句、自分らしく生きるという理念を置き去りにしているということも言えるでしょう。

しかもマイナスな思考は言動にも反映され、その結果として不幸な現実を引き寄せてしまいます。そうならないためにも、不安という感情をきっぱりと断ち切らなくてはいけません。

人が与えられた人生を思い煩うことなく生ききるためには、スピリチュアリズムという人生哲学の力が必要です。ひとりで生きていく決意もない、ひとりとはどういうことなのかという定義もない、そもそも人生とは何かと考えたこともない。多くの人が哲学していないがために、いたずらにもがき苦しんでいるのです。

そこで本書は、たくさんの事例を挙げながら霊的真理を解き明かし、同時にさまざまな角度からあなたの心にアプローチしていくことを心掛けました。読み終えたときには、自分の意志で生き方を選ぶことの大切さを理解し、本当の意味での幸せな人生に向かって、一歩踏み出していただけるものと確信しています。

幸せに生きる　ひとりの法則　目次

第一章　「ひとりで生きる」の意味

一　ひとりを選ぶ人

二　選んでもいないのにひとりの人

第二章　あなたはひとりで生きられますか？

一　ひとりの人生が怖い人

二　ひとりの人生を希望するが、不安のある人

第三章

幸せに生きるための哲学

第四章

友人は必要なのか？

第五章

結婚と自律

三　離婚してひとり

第六章　親（家族）との関係

第七章

現実的な不安をどう手放すか

第八章

孤高は素晴らしい

一　幸せな孤高の死

ブックデザイン　タイプフェイス
（AD：渡邊民人　D：小林麻美）
カバーPHOTO　村尾昌美
DTP　美創

第一章

「ひとりで生きる」の意味

一 ひとりを選ぶ人

家族がいても、人は究極にはひとり――「ひとり」の定義

一番最初にも書きましたが、人はみな、ひとりで生まれ、ひとりで死んでいきます。

自分はひとりで生きていくのか？

ひとりで生きていきたくはないのか？

答えを出すためには、「ひとりの定義」を明確にしておく必要があります。

ひとりとはどういうことなのか――。

この世にたったひとり、自分しかいなければ、人は孤独を感じるでしょうか？　そもそも孤独という概念が生まれるでしょうか？

人は他者を認識し、比較することで孤独を覚えます。たくさんの人に囲まれて生き

ているのに孤独を感じる人は、常に他者を映しているのです。

家族や友人といても孤独感を募らせる人がいる一方で、ひとりでいても心豊かに暮らしている人もいる。その違いが何かと言えば、自律して生きているか、他者に依存して生きているか、なのです。

依存心が強いがゆえに、小さな摩擦が生じただけで「誰も私のことを理解してくれない」とか「私はひとりぼっちだ」と思い詰めてしまう。

孤独には疎外感や孤立感がつきものですが、本当は自分が誰とも関わり合いを持ちたくないだけ。**人が孤独を感じるのは、自分が心を開いていないときなのです。**

「孤独」＝「ひとり」、ではありません。

海外でひとりで暮らしている日本人の多くは、クリスマスになると寂しくなって日本に帰ってきてしまいます。一方で、お正月に寂しいからと帰国する外国人の話はあまり聞きません。おそらく、この感性は日本人独特のものだと思います。どこかで誰かと比較して、可哀想な自分を作ってしまっている。

けれど、誰もがみんな、ひとりなのです。ひとりの単位で生きています。

家族であっても、みんな、ひとり。みんな「個」なのです。

自分の心に従うことと、我を通すこととの違い

原稿を書いている今は2014年の11月ですが、今年は「アナと雪の女王」というディズニー映画が大変な人気を博しました。中でも主題歌「Let It Go～ありのままで～」は、単なるヒットを超え、社会現象ともいわれています。

小さな子どもから大人まで万人を魅了したわけですが、その鍵はストーリーの素晴らしさも然《さ》ることながら「ありのままで」というフレーズにあるようです。

子どもたちは耳に残る語呂のよいフレーズとして歌を口ずさんだと思いますが、大人の女性は「ありのままで」という言葉そのものに反応したのではないかと私は分析しています。

聞くところによれば、幾度も繰り返し「アナ雪」を鑑賞し、「ありのままで」を聴いて号泣《ごうきゆう》する40代の女性が少なくないのだそうです。それが本当だとしたら、そうした人の心の琴線に一体何が触れたのでしょうか？

ここで改めて解説するまでもなく、「アナ雪」は触れたものを凍らせてしまうとい

う不思議な力を持って生まれたアレンデール王国の王女・エルサと妹のアナの物語です。自分の魔力を人々に知られたエルサは王国を逃げ出しますが、王国は永遠の冬に閉ざされてしまいます。一方、北の山へとたどり着いたエルサは、そこに氷の城を建て、もう自分を抑えて生きるのはやめようと決意する。その意志をメロディーに乗せて歌うのが「ありのままで」です。

その後、エルサは心を開き、大我な愛（無償の愛）へと目覚めていくのですが、この時点では自己中心的な人物に過ぎません。それなのにもかかわらず、なぜ多くの大人の女性がエルサに共感したのか？　私はここに現代女性の抱える闇を感じます。

確かに自由に生きることは大切です。けれど自分の心に対して素直に生きることと、我を通すことは違います。ところが「ありのままで」を聴いて号泣する人の多くが、我を通すことに対する免罪符を求めていたのではないかと私は思うのです。

ありのままで生きることができるか

スピリチュアリズム以外の精神世界には「ありのままの自分を愛しなさい」という決まり文句がありますが、自分の都合のいいように解釈してはいけません。

「大根だって土から掘り出したままでは食べることはできない。綺麗に洗って調理して初めて美味《おい》しい食材だと言えるのです」というのは美輪明宏さんの言葉ですが、私も同感です。考えてもみてください。「自分はこのままでいいの！」とばかりに顔も洗わず意中の人に会いに行き、「ありのままの私を愛して！」と叫んだところで、おそらくそれは成立しないでしょう。

自分の長所は伸ばし、短所は補い、相手の望みに沿う、あるいは社会に順応する。それが愛です。もちろんなんでも他者に迎合すればいいというものではありません。相手にとって何がよいことか、ときにはそれはあえて自分が敵になってあげることかもしれません。それは恋愛も結婚も子育ても人間関係も一緒です。

いい大人が、ありのままでいいわけはありません。大人ならではの才覚や思慮が必要とされるのです。

それを理解せずに、ありのままの自分を受け入れてほしいという人は、ひとりでいようが家族といようが、孤独な人なのです。

自分らしく生きるためには、自己分析が必要不可欠

多くの人が相手を変えようとしますが、自分を変えようとはしません。

たとえば「パートナーが優しくしてくれない」「好きな人が振り向いてくれない」と訴える人が相手に優しくしているでしょうか。優しくするどころか、「なぜ私の気持ちを察してくれないのか」とカリカリしていることさえ珍しくありません。悪循環にはまり、自分で自分の首を絞めて苦しんでいる人が目立ちます。

もうひとつの例を挙げてみます。子どもが財布からお金を抜き出すので困る、という親御さんがいるとしましょう。もちろん悪いのは子どもです。けれど、親がお財布をきちんと管理してさえいれば、子どもは悪事を働くことができません。財布を入れ

たカバンを無防備に部屋に放っておいた自分を省みず、子どもばかりを責めるというのはいかがなものでしょうか。

私は「ありのままで」に共感する人に対しても同じことが言えるのではないかと思うのです。変わるべきは自分なのに、多くの人がコンプレックスを抱え、それでいて、こんな自分でも受け入れてくれる人がいるはずだという〝妄想〟を抱いているのではないかと。

努力を惜しんでいるわけですから現実的には思うように人生が運ばない。ところがそのことで思い悩む自分が健気で愛おしくて、だから「ありのままで」を聴いて号泣するのではないでしょうか？

それは自己憐憫《れんびん》というもの。怠惰のあらわれであるといってもいいでしょう。いずれにしても自分は変わらずして運命を変えようというのは横着な発想であり、そうした人が幸せになることは絶対にありません。

では、なぜ自分を変えることができないのでしょう。それは自己分析ができていないからなのです。

自分らしく生きていくためには自己分析が必要不可欠。どうして自分は「ありのままで」を聴いて感動したのだろう？　といった具合に、まずは自分の深層心理を浮き彫りにすることから始めてみてください。

感情ではなく理性で生きる

「自分のことは自分にしかわからない」というのは確かなことですが、「自分のことは自分には見えない」というのもまた事実。食べ物の好き嫌いなどとは違い、自分の深層心理は自分にとっての盲点であることが多いものです。

願望と現実、自分の価値観と世間の価値観を混同してしまうということもありますが、そもそも日本人は自己分析が下手。古い因習や家のしきたりに囚《とら》われ、知らず知らずのうちに固定観念が刷り込まれているということが考えられるでしょう。

意外かもしれませんが、欧米では「あの人、嫌ね」という会話や、人に対してイライラと腹を立てることがあまりありません。たとえば郵便局で長く待たされたりしても、クレームをつけない。彼にはその能力しかないからこの仕事をしているんだと理性的に分析するからです。それはとても厳しく冷たい、本当の意味でのクールな対応です。それに対して日本では、根本の部分を曖昧《あいまい》にしながら、イライラしたり、「嫌ね」と不満を募らせたりする。

また、私がよく言うたとえですが、欧米ではダウンコートを着ている人と半袖のTシャツ一枚でいる人が平気で一緒に歩いています。一方、日本では衣替えを機に一斉に季節の服装を整えます。暑いか寒いか、自分の感覚に向き合わずに横並びで流されているわけで、あえて言えば横着・怠惰です。

もちろん文化や風土、歴史の違いがあり、すべて欧米方式がいいわけではありません。しかし、これからの時代、社会には余裕がなくなり、ますます横着をしては生きていけなくなっていきます。

重要なのは、自分を知った上で生き方を決めるという点。つまり理性的に自分の心を捉えることです。

幽体（私たちが肉体とは別に持つ霊的エネルギーのからだ）のオーラの色でいえば赤は感情、青は理性。炎は赤いところより青いところのほうが温度が高いのと同じく、真に人生を大切にし、最後まで燃焼して生ききりたいと考えたときに必要なのは、感情ではなく理性です。

悪《あ》しき因習や、通用しなくなった常識から脱却して幸せに生きるには、理性を持って自分を分析していくしかないのです。

なぜ不安なのか。なぜ苦しむのか。なぜそれが得でそれが損なのか。逃げず、怠けず、理性を持って向き合うことが、幸せへの第一歩です。

あなたは自分のことがわかっていますか？

本書で私がお伝えしたいのは、「自律」をして生きていくための強さを備えていただくことの大切さです。自律とは、人はなぜ生まれ、いかに生きるのかという真の意味を伝える霊的真理（２０１ページ巻末付録参照）に従い、現世のルールも熟知し、自分自身をコントロールして個として生きていくことを意味します。

「私はひとりで生きていくと決めています」ときっぱり言う人もいるでしょう。

けれどそれは、本当の自分自身の素材をわかった上でのことでしょうか？

たとえば、やりたいことがあるのでひとりで生きると決めても、何か大きなアクシデントに見舞われて、そのやりたいことが果たせなくなるときもあります。それでもいいだろうか？　自分がした選択に責任を持てるだろうか？　まず、それで自分の本当の気持ちが測れるのです。

そこまでのことでなくても、たとえばお掃除は自分のやり方でないと気が済まない、お茶碗の並べ方は他人に触られたくない。そのように思うならば、あなた自身が責任主体として、お掃除やお茶碗の並べ方に関して自己責任で判断している、ということになります。

人生にはさまざまなことが起こります。趣味に生きる、仕事に生きる、家庭に入る、と決めても、それを最後までまっとうできないこともあります。病気になるかもしれない。会社が潰れるかもしれない。伴侶が亡くなるかもしれない。大切なのは、責任主体として判断し、その判断の結果を自己責任として受け止めることができるか、なのです。

私が今まで多くの人のカウンセリングをしてきた経験から言えば、「私はこうやって生きていきます」と言う人も、実はあまり突き詰めて考えておらず、流れに任せればいいやと思っている程度で、真剣に自分と向き合っていません。そして、そのことに気づかずにいる人が多いのです。

人生は、流れ任せにして上手くいくほど甘くはないのです。きちんとした目的を持ち、確固とした覚悟のもと、自らの力でしっかりと舵を取らなくては、たちまち大きな波に飲み込まれてしまいます。

さて、ここで改めて伺いますが、あなたは自分のことがわかっているでしょうか？　本当は自分が何を望み、そのことに対してどれほどの覚悟を持っているか、きちんと把握しているでしょうか？

「自己責任や責任主体と聞いて、あなたはどう思いますか？」という質問に対して、それを寂しい、不安だと思う人は、往々にして不幸な道を選択してしまいがちです。

自分の人生は自分で決められる。自分次第で変えられる。

責任主体の意味は、それなのです。誰の束縛も受けず、自分自身で人生を作ることができる、それが責任主体として自己責任で生きることなのです。

やりたいことがやれなくなっても、「私はそのつど新しいやりたいことを見つけて没頭していくタイプだから、それでいいんだ」という人は、大丈夫。何が起こっても自分の人生の主役は自分だ、なんとか食べていければいい、という覚悟があれば、どんなアクシデントが起こっても、自分の人生を自分で決めていくことができるでしょう。

そういう人は、必ず幸せになれるのです。

ひとりで生きていくためには覚悟が必要

講演会などでもよく言うのですが、究極は、健康で仕事があって、友だちもボーイフレンドもいれば、ひとりでいるのが一番幸せな人生です。

ひとりでいれば、結婚という共同生活の中で生じる価値観の違いでストレスを募らせることもありませんし、時間もお金も自分の価値観に基づいて使うことができます。自分好みの部屋に暮らし、好きなときに好きなものを食べ、好きな音楽を聴き、何に幾ら使おうが、いつどこに出かけようが、誰にも咎《とが》められることのない生活は快適です。けれど、快適なだけで終わらないのが人生なのです。

若い頃に「私は自分で働いて自分の力で生きているのだから、誰にも文句を言われる必要はないの。寂しくないかなんて、よけいなお世話よ」と言っていた人がいます。ところが定年を間近に控え、このところすっかり弱気になってしまいました。

親の介護を通じて「自分のときはどうなるのだろう？」「誰が面倒を見てくれるのだろう？」と考えるようになったのだとか。聞けば貯金は少なく、保険にも入っていないと言います。これは自分の責任と言わざるを得ません。

ひとりでいいと息巻いていたわりには自律していなかったわけで、この一件から私は、人が真に自律して生きることの難しさを改めて痛感した次第です。

これは私の持論ですが、ひとりで生きていく人は、できるのであればワンルームマンションでいいから不動産を持つとよいでしょうとお勧めしています。繰り上げ返済を目標にして働くべきだと。もちろんなんでもいいわけではなく、災害が起きにくい、駅に近く借り手がつきやすいことが条件。

なぜかといえば、結婚をしたとしても自分の収入を確保することができます。老後に自分が暮らすにしても、貸すにしても、その財産があれば心丈夫に暮らすことができるのです。

今の時代、衣食住のうち、衣と食に困ることはほとんどありません。しかし、住に関しては、そうそう簡単にはいかないのです。

ひとり暮らしの仕事のない高齢者が家を借りるというのは難しいことです。最近は、役所が物件を借り上げ希望者に貸すというケースが増えています。けれど誰からも出ていけと言われることのない家があれば、それに越したことはありません。

NHKで放映された「老後破産」という特集番組には月2万5000円の年金で生活しているという女性が紹介されていましたが、それでも生きていけるのは持ち家があるからなのです。最後は売って施設の支度金にあてることもできるでしょう。

ひとり身の人からの相談で一番多いのも住まいに関するものです。収入に応じた家賃で暮らせる都営住宅などの抽選に当たればよいのですが、便利のいい場所は人気が高い上に、一度入居したらなかなか空きが出ません。そんな場合には、事故物件という選択肢もあります。「とんでもない!」と思う人がいるかもしれませんが、そう思うあなたには、まだまだ余裕があると言えるでしょう。

私は幼い頃に相次いで両親を亡くし、貧しい生活を余儀なくされました。また、私の暮らしていた下町の公立学校には、父親が蒸発したり、一家離散に追い込まれる家庭の子どもも珍しくありませんでした。当時は経済的な心配のない家庭の子どもを羨《うらや》ましいなと思ったこともありましたが、今では幼い頃にお金に恵まれない暮らしを経験したこと、そうした環境を目の当たりにしたことが心の財産になったと捉えています。

なによりも心に刻まれているのは、貧しい暮らしの中で人々が備える「生きていくためには背に腹は替えられない」という強い精神です。育ちざかりの子どもを抱え、明日のお米の心配をしながら生きている人が、「普通なら家賃は10万円だけれど、7万円で貸しますよ」と不動産屋に持ちかけられたら、たとえ事故物件であろうと厭《いと》わないだろうと私は思うのです。

なんとしてでも生きようと思えば背に腹は替えられない。仮にその部屋で自殺したという霊が出ても「こっちは必死で生きているんだ!」と言い放つくらいの気迫があれば、霊のほうが現世に執着していることを反省し浄化します。人は必ず死にます。霊は自分より少しだけ先に死んでいるだけのこと。いずれは自分も霊になる。怖いだの、不安だの言っていられるうちは幸せなのです。

少々話が脱線しましたが、ひとりで生きていくためには覚悟が必要。その覚悟が本物であるならば、将来のことを見越して、老後に幾ら必要なのかなど計画性を持って生きるといったことができるはずです。

イソップ寓話の「アリとキリギリス」にたとえるなら、ひとりで生きると決めることは、アリとして生きると公言しているも同じこと。それなのに自由という特権だけを振りかざし、キリギリスとして暮らしてしまうのは、刹那主義なだけで自律した生き方であるとは言えません。

あなたはアリですか？　キリギリスですか？　ひとりで生きていくための覚悟を決めていると言えるでしょうか？

二　選んでもいないのにひとりの人

人生斜め45度の法則

スピリチュアリズムでは、ときに独身の人のほうが霊格が高いといわれることがあります。

自律心を持って、自分自身に責任を持って生きていかなくてはならないからです。しかし、そうではなく、自分はひとりで生きていくと決めているわけではないけれど、気がつけばひとりだという人もいます。

30歳までには結婚し、今頃は子どもを育てているはずだったのにすでに40代になってしまった。こんなはずではなかったのに……という人が、実は一番多いのではないでしょうか。

そうした人の多くが「だって出会いがないんです！」と嘆きますが、その実、霊視をしてみると、ひとりの生活に居心地のよさを見出《みいだ》しているケースがほとんどです。仕事が終わると家に直行し、コンビニのお弁当を食べながら恋愛ドラマを見たり、フェイスブックの世界で戯れて過ごすのが一番楽しいと思っている人もいるのではありませんか？

本当に出会いを求めているのなら、人と出会うための場に足を運んでいるはずです。出会いを求めているのも嘘ではないけれど、ひとりでいるのも悪くはないと思っているとしたら、どこまでいっても中途半端なまま、永遠に満たされることはありません。結婚にしても仕事にしてもそうですが、人生を斜め45度から見ていない人はチャンスを逃します。

回転寿司を思い描いてみてください。自分の目の前に来たお寿司を取るのでは遅すぎます。斜め45度の角度で「来たぞ、来たぞ」と心の準備を整えながら、じーっとお目当てのお寿司を見つめる。このことが念じることに繋《つな》がり、視線を感じた人たちが手を出しにくくなるという効用が生まれるのです。誰かが手を出そうものなら「あっ！」と叫んでライバルの行動を阻止することもできます。

人生を回転寿司にたとえるなんてと笑いながら読んでいる人がいるかもしれませんが、回転寿司は人生の縮図。たとえチャンスを逃しても、待っていれば再びチャンスは巡ってくる。ウニを逃したからと悔しがっている暇はありません。後追いしていては斜め45度にイクラが近づいていることに気づくことができないのですから。

更に欲しいものがあれば、待っていないで注文してしまうのも手です。その勇気や行動力がなくては欲しいものを手に入れることはできません。

パートナーが欲しいのなら、「誰かいませんか?」と周囲の人に呼び掛けておくなどしなくては。ボーッとしていても出会いなどないのです。

恋人がいなくてもいい、独身を貫いてもいいのです。けれど目的のないままひとりでいるのは問題です。気がつけばひとり、なんとなくひとりということでは自分自身が納得できず、ドンヨリとしてしまいます。

理性を持って自己分析したとき、自分は本当は結婚したいのだとわかれば、斜め45度の視線で積極的に行動する。気がつけばひとり、なのか、本当にひとりでいたいのか、まずは分析です。

結婚できないのは運命のせい?

交際相手のいない時期を無駄に過ごしている人も目立ちます。恋愛が始まったら綺麗にしよう、結婚したら料理を覚えようと考えているようでは、せっかく出会いに恵まれたとしても、縁を引き寄せることはできないのです。

そうした人と波長の合うのは、やはりシングルを貫いている女友だち。本当は結婚している友人の家に遊びに行くなどして波長を変えなければいけないのに、既婚者とは話が合わないなどと遠ざけてしまう人が多いのです。

中には「私は現世では結婚できない運命なのでしょうか?」などと訴える人もいますが、恋愛、結婚にかかわらず、運命論者は他力本願。そうした方は運命と宿命の違いを知る必要があるでしょう。

宿命とは、生まれた時代や場所、家族や寿命など、自分の努力では変えることのできないもの。実はこれは、すべてがあなたが生まれてくるときに選んだカリキュラムです。中には前世で果たせなかった課題を持ち越していることもあります。

私の書籍などではお馴染《なじ》みのたとえですが、ケーキでいえば宿命はスポンジの部分。そして運命はデコレーションの部分。デコレーションは自分の意志で幾らでもバリエーションを豊富にすることができます。宿命を変えることはできませんが、運命は自分次第でアレンジすることができるのです。

結婚できない人はいない

恋愛・結婚も自分次第。大切なのは気合を入れて一気に釣り上げること。その気になれば、結婚は誰にでもできます。できない人などいないといっていいでしょう。ただし選り好みをしなければ。

このことを説明するときに私はたびたび「分相応な人を求めましょう」とアドバイスをしますが、「分相応だなんて」と気分を害する人が多いようです。でもそれは「分相応」と「身分相応」を混同しているから。「身分相応」は物質主義的価値観から生まれた言葉ですが、「分相応」は素材を示すもので、決して自分を卑下することではありません。

一升の升には一升の水しか入らない。これはスピリチュアリズムでいうところの「波長の法則」（類は友を呼ぶ）と「因果の法則」（自分で蒔《ま》いた種は縁があって実を結び、刈り取ることになる。つまり因《いん》・縁《ねん》・果《か》、原因があるから結果がある）にあたる言葉です。このことを無視して身の丈に合わない人と結婚すれば必ず苦労します。ここでも大切なのは自己分析。客観的に自分を見つめ、自分にふさわしい人を探しましょう。

どうせ私の分相応なんてと思う人は不幸になりますが、そうか、自分にふさわしい人に出会えるんだ！　と希望を見出すことのできる人は、自分の思う幸せに向かって一歩踏み出したことになります。あとは出会いの場へと足を運べばよいのです。

自分の器を見て、熟知すれば、器に合った人に必ず出会えます。

恋愛相手とは「波長の法則」で結ばれます。そしてその縁は「因果の法則」によって巡ってきます。つまり、よい人と出会いたければ、自分の波長を高める必要があるということ。「出会いがないんです！」と嘆いたり、運命のせいにしている間に、すべきことはたくさんあるのです。

大切なのは「あわよくば」という気持ち

本当は結婚したいのに自分の気持ちに蓋《ふた》をし、結果として自分に嘘をついているケースもあります。

かつての相談者の中には、親から「おまえのような性格では他人様《ひとさま》と一緒になど暮らせない」と言われ続けたり、幼い頃から美人のお姉さんと比較され、「おまえは器量が悪い」と言って育てられたといったトラウマを抱えている人も少なくありませんでした。障害を抱えていたり、病気の家族を抱えている場合もありました。こういう場合は大変気の毒です。けれど、それすらも思い込みに過ぎません。厳しい言い方をすれば、行動しようとしない自分に対する言い訳。もっと言えば、傷つきたくないという気持ちから生じる「逃げ」であると言えるでしょう。

実際に「自分は足が悪いから結婚は考えていません」と言っていた人が結婚した例があります。「きょうだいに犯罪者がいるから結婚は無理でしょう」と苦悩していた人が結婚した例もあります。「子どもが3人もいるので再婚は諦めています」とこぼしていた人が再婚した例もあります。15年間個人カウンセリングを続けて、そのような実例をたくさん見てきました。

一歩踏み出す勇気さえあれば、本人が気に病む悪条件などものともせず、結婚しようという人は現れるものなのです。

大切なのは「あわよくば」という前向きな気持ち。

基本的に人はみなひとり。「個」で生きる覚悟を決めながら、「こんな私ですが、ご縁があれば是非《ぜひ》！」と明るく言える自律した人には、ご縁がやってきます。

どんな境遇にあっても、どのような環境に暮らしていても、結婚する人はする。自分の人生の主役は自分。スピリチュアリズムという哲学のもと、自己分析をし、一つひとつの問題に対してしっかりと腹を括《くく》ること。人は自分の意志で決め、覚悟を持って挑んだという自覚があれば、どんな結果であろうと受け入れることができるのです。

すべての不幸は他者と自分を比べることで生まれる

人は他者を意識して初めて孤独を覚えるとお伝えしました。ここでは、そのことについて、もう少し掘り下げて考えてみましょう。というのも他者を意識するということの中に、人を不幸へと導く落とし穴があるからです。

私は過去に15年間続けた個人カウンセリング（現在は休止）を通して、月に約100人、年間で約1200人として1万8000人にものぼる相談者と向き合ったことになります。

人の悩みは千差万別。ひとつとして同じものはありません。たとえば離婚に関する悩みであっても、それぞれの環境や性質によって事情が異なるため、相談のバリエーションは驚くほど豊富でした。

けれどある時点で、どんな悩みにも共通点があることに気づいたのです。たとえば結婚相手が見つからないと悩んでいる人の多くは「友だちの中で私だけが取り残されていくようで焦っています」と嘆く。また離婚の危機に直面している人は、口を揃《そろ》えたように「どの家庭も安泰なのに、なぜ私だけが……」と訴えます。

「私だけが」という言葉は、どこから生まれるのでしょう？　もうおわかりですね？どの人も自分と他者を比べて悲壮感を募らせているという点が共通しているのです。

自分はみじめだ、自分は愚かだ、自分はダメな人間だということに始まり、妬《ねた》みも嫉《そね》みも恨みも、人が抱くネガティブな感情はすべて人と自分を比較することで生じます。

人生は経験と感動を重ねる旅

スピリチュアリズムの観点からは、人生は旅です。たましいの故郷からこちらに旅にやってきて、経験と感動という人生の名所を巡る。そして、やがてやってくる死は、向こうに帰ることなのです。

「ランチをひとりで食べるのは寂しい人みたいで恥ずかしい」「いつまでも独身でい

ると寂しい女だと思われてしまう」「いい人と巡り会えない」と悩んでいるうちにも、刻々と旅の時間は減っていくのです。

すべては旅の風景、永遠に続くことはありません。すべては儚《はかな》いものなのです。

お金持ちと結婚したとしても、貧乏になることもある。健康だったのに病気になることもある。

誰の人生にも、良いときもあれば悪いときもあります。たとえ今が苦しくても、それは「今が試練のとき」だからなのであって、永遠に続くわけではないと長い目で人生を見つめることが大切です。

ただなんとなく、ひとり。そういう人は、繰り返しになりますが、本当に自分は結婚したいのかどうかをじっくり考えてください。どう分析しても自分は本当に結婚したい、それなのにできないならば、自分自身の問題です。自分の器をちゃんと熟知すれば、必ず出会えます。

結婚しても、誰と一緒にいても、人はひとりです。

それを理解した上で、誰と組んで生きていくのか。どういうパートナーシップを作るのか。「あわよくば」で結婚し、子どもをもうけたとしても、「個」として自律していなければ、幸せにはなれません。

常に、誰といてもひとりという覚悟ができている人だけが、人生の経験と感動を十分に味わい、幸せを手に入れることになるのです。

第二章

あなたはひとりで生きられますか？

一　ひとりの人生が怖い人

「ひとりは寂しい」は思い込み

ひとりでいるのが寂しいという人がいますが、実は寂しさというのは期待と密接な関係にあるのです。

たとえば恋人がいるのにひとりで過ごすクリスマスは寂しさが募ったけれど、恋人と別れてから迎えたクリスマスは、その日がクリスマスであることさえ忘れていたということがあります。

これは、恋人がいるときはクリスマスには楽しく過ごせるという期待があるため、その期待が裏切られると寂しさを抱く。けれど恋人と別れたあとはひとりでいるのがあたりまえで、端《はな》から期待していないため、期待を裏切られようもない。したがって寂しさも感じないということでしょう。

いずれにしても寂しさと人数は無関係。大勢の人に囲まれて仕事をしていても、心はひとりぼっちだという人もいます。

また、ひとりが寂しいというのは、単にないものねだりであるということも考えられます。独身時代に「ひとりは寂しい」と嘆いていた人が、結婚後に子どもができてからというもの「たった一日でいいからひとりになりたい！」と言い始めるのは、よくある話です。

小さな頃に両親が共働きでさんざん寂しい思いをしたというトラウマから、ひとりは寂しいと定義づける人もいます。未亡人となった母親から「ひとりは寂しいよ」と言われて育ったために、ひとりは寂しいものだと刷り込まれているという人もいます。

けれどそれが自分の本心と符合するとは限りません。

ひとりの人生が怖いと怯える前に、思い込みを手放し、さまざまなシチュエーションを想定しながら、じっくり自分と向き合うことが必要なのです。

夢や目的がない人生に意味はないか

ひとりで生きていくことに不安を抱く大きな要因に、経済的なこともあるでしょう。けれどそうであるなら働くしかありません。

ここ数十年の間に、価値観が大きく変わりました。かつては食べていけることが大事だったのに、物が溢《あふ》れ、物欲を満たすことがあたりまえになった現代では、食べるだけではダメで、更に人生の目的を持ち、それを達成しなければ生きている価値がないと自分を追い詰めていくようになってしまいました。

この価値観に翻弄され、もがいている人が多くいます。

しかし、考えてみてください。生きるには、食べていくことができれば十分。欲しいものを買える生活は贅沢なのです。

夢や目的がないことは罪悪ではありません。スピリチュアリズムでは「価値があるから生きるのではない、生き抜くことに価値がある」のです。さまざまな苦難と向き合いながら生き抜くだけで、人は立派なのです。

名所で咲く桜の花と違い、人里離れた山奥に咲く桜は人の目に留まることはありません。それでも毎年、春になると満開の花を咲かせます。褒められることも、称賛されることもない桜はみじめでしょうか？

違います。桜として生を受け、毎年花を咲かせる。やがて寿命が来ても、毎年咲くという使命を果たした桜には思い残すことはないでしょう。毎年咲くと決め、そのために懸命に頑張る。これこそが自律と言えるのです。

人の人生も同じです。財産もない、特技も才能もない、地位も名誉もない。そのことと、たましいの輝きとは関係がありません。

やりたいことがない。それで焦《あせ》ったりする必要はまったくないのです。

「頭を使う」＋「行動する」で人間力を上げる

独身でいる人に多く見られるのが「隣の芝生が青く見える症候群」です。

特に結婚願望の強い人は、結婚している人のメリットばかりに目が向いてしまいます。婚約指輪のコマーシャルを見ては羨ましいと思い、ファミリーワゴンのコマーシャルを見ては、なんて幸せそうなのだろうと思う。そうした人もいるようですが、表面的な部分だけを見て物事を判断するというのはいかがなものでしょうか。

友だち夫婦を見て、優しそうな旦那さんだな、微笑《ほほえ》ましい夫婦だなと思っても、家庭の中では細かいことを言う夫かもしれないし、喧嘩の絶えない夫婦かもしれないのです。どこの家庭も中に入ればいろいろな問題を抱えているもの。少なくとも結婚さえすれば幸せになれるという偏った認識は捨て去らなくてはいけません。

単数として生きていくのは不幸、複数で生きていけば幸せと定義づけるのは、誤りです。きちんとした分析力を持ち、良い部分も悪い部分も知った上で、自分にふさわしい選択をするというのが幸せの絶対的なポイント。

頭を使って+《プラス》行動することが、人間力を上げ、幸せに近づく道です。考えるだけで行動しない人も、考えずに行動する人も、人生を充実させることはできません。

二　ひとりの人生を希望するが、不安のある人

考えなく生きれば不安なのはあたりまえ

この世には、いいことがあれば、その分マイナスなこともあるというエナジーバランスが働いています。

こんなふうにお伝えすると、仕事で成功する人は結婚では上手くいかないということかなどと捉える人もいますが、それは早合点というもの。仕事も結婚もと望んでいいのです。ただし、どちらも手に入れたいと思うのであれば、人の2倍頑張らなくてはいけない。その覚悟が必要だということです。

努力を怠れば幸せを逃す。努力すれば結果として花が咲く。これはスピリチュアリズムでいうところの「因果の法則」によるものですが、ここで誤解していただきたく

ないのは、この世に罰はなく、あるのは学びだけだということです。未熟さを成長へと導くことが罰と言えましょうか。その意味でいえば成長するまで繰り返し補講を受けることと同じなのです。

たとえば自分自身の自分勝手な言動が原因で人間関係が上手くいかなくなったのに、そのことに気づかず、他者のせいにして過ごしてしまったとしましょう。すると、その人は自分が変わらなくてはいけないのだと気づくまで同じような苦い経験を繰り返すということです。

といって恥じることではありません。**人は誰もが失敗や苦い経験を通じて悟るもの。物事を深く理解するのには、誰しも時間がかかります。それでいいのです。**

自分なりの幸せを手に入れることのできる人は、常に自分が自分のケースワーカーです。

自分の器と相談した上で、あるときは逸《はや》る心にグッとブレーキをかけ、あるときはアクセルを踏み込み、微調整することができるかどうかが幸せの鍵なのです。それに比べ、覚悟もなく、考えることもせずに選んだ「ひとりで生きる」人生は、真っ暗闇の中を暴走する電車に乗り込んでしまったようなもの。現在地点がどこなのかもわからず、どこに向かっているのかもわからないというのでは不安であるのも当然だと言えるでしょう。

暗闇に太陽の光を注ぐためには自分なりの人生哲学を持つ必要があります。**「得るものがあれば譲るものもある」と理解していれば、闇雲に他者を羨む不幸を回避することができます。**

「やはり結婚しておけばよかった」「子どもを産んでおけばよかった」などと心が揺れるときは、結婚さえすれば寂しくなかったのか、子どもさえいれば老後も安心だったのかをよく考えてみることです。結婚すれば全力で仕事に打ち込む時間がなくなるかもしれない。子どもがいると教育費や養育費が莫大にかかる上、社会の先行きが不透明な今、そこにかけたお金やエネルギーが必ずしも実を結ばないかもしれない。

すべては、この世の因果の法則に基づくエナジーバランスです。エナジーバランスが働いていることを認識することで、自分の決めた道を迷わずに歩んでいくことができるのです。

ひとりの人生は前世の影響なのか？

現世をひとりで生きるのは前世の影響でしょうか？　と質問されることがありますが、人生は塗り絵ではありません。現世を生きることは、予《あらかじ》め描かれている線をなぞったり、線の中を色で埋めていくことではないのです。

現世は前世の影響を色濃く反映していますが、それは前世での生き方をもとに現世でのカリキュラムが組まれているということ。たとえば前世で人を愛するという学びをしなかったという思いを残して再生したたましいは、現世では愛を学ぶことを課題に掲げ、愛を学ぶにふさわしい宿命（時代や国や性別や家族）を選んで現世に生まれてくるのです。

ですから前世で結婚していなかったから現世でも結婚しないのではなく、むしろ前世で結婚していた場合には、現世では結婚という経験を必要としていないというケースもあると言えるでしょう。

ただし、ひとりを望む気質は前世からそのまま引き継いでいることもあります。気質があっても現世でひとりでいることを絶対的に好むというわけではないのですが、宴会などで多くの人と過ごすよりは、ひとりでいるほうが楽だと感じるなど、誰かと過ごすことに負荷はあるかもしれません。

前世の影響を受けていることのわかりやすい例に出産があります。初産《ういざん》にもかかわらず、簡単に出産を済ませケロリとしている人がいる一方で、出産が怖いと怯えたり、子育ての自信がないと不安を覚えたりする人もいます。前者は前世でも出産を経験している人、後者は前世で出産経験のない人なのです。いずれにしても、やがて立派なお母さんになっていきます。

結婚も前世に関係なく、するもしないも自由。前世で結婚経験のない場合には、マリッジブルーになるなど不安を抱く時期があるかもしれませんが、結婚生活が始まってしまえば馴染みます。前世がどうであれ、結婚したいという意志と行動力があれば問題はないのです。

不安は余裕のあらわれ

私はよく、不安は余裕のあらわれ、とお伝えしています。今を懸命に生きていれば不安という感情が芽生える余地は生まれません。逆に言えば、不安でたまらない、という人は、余裕のある人なのです。そういう人は余裕のよっちゃんだね、などと冗談で言うこともあります。

過去に行っていた個人カウンセリングの中で、私が「これは深刻だ」と受け止めた相談内容は数えるほどでした。もちろん、みなさん悩みを抱えているからこそ私のもとへみえるわけですが、失礼ながら、自分の心の持ちようで乗り切ることができるだろうという相談であったり、物質主義的な欲求を満たすための相談内容がほとんどだったのです。

このことから私が得た教訓があります。それは「人間、暇でいいことなどひとつもない」というもの。時間を持て余していると、わざわざ厄介なことに首を突っ込んで傷ついたり、人が何気なく口にした言葉について思い悩んでしまったり……。

そうした方に対して私は「あなたの余命は3か月ですと宣告されても、同じ悩みを抱えているでしょうか?」と尋ねるようにしています。

自分に残された時間がないと知れば、人は冷静な気持ちを取り戻すことができるものです。絶対に許さないと思っていた人を許す気持ちになったり、物事に対する執着心が消えたり、あの人には負けたくないと思っていた人の幸せを祈ったりするようになる。実は、それがあなたの本来の姿なのです。

いずれにしても命の視点で見れば、現代人の抱える悩みの大半は些末《さまつ》なこと。ひとりで生きることに対しても、あれこれと不安を募らせているうちに人生はすぐに終わってしまいます。

独身であるなら独身であることの喜びを数えて生きる。ひとりで生きると決めたなら、ひとりで生きることを楽しまなければ損だと思いませんか?

本当の意味で不幸なのは、悩む暇のある中途半端に幸せな人なのです。

たとえばテレビの占いをチェックして「今日はツイていない!」とドンヨリしてしまう。不愉快な思いをしたくないのなら見なければいいのに「星占いがダメなら血液型占いだ」と深追いをした挙句、「血液型占いも最悪だった!」とモチベーションを落とし、貴重な今日という一日を台無しにしてしまうといった人が珍しくありません。

けれど果たして仕事で多忙を極めている人が占いに翻弄されるでしょうか？　小さな子どもを抱え、なんとか食べさせなくてはと必死で生きている人に落ち込んでいる暇があるでしょうか？

ひとりで生きることに不安を抱く人も、まだまだ不安を抱くだけの余裕がある証拠。そういう人に限って「苦しいときの神頼み」に走ってしまいがちですが、余裕のある人に神様は手を差し伸べてはくれません。

自らの行動を省みて、自分さえ幸せであればいいという小我の気持ちを手放し、一日一日、一瞬一瞬を全力で生きることで、負の想念が消え、正しい道を見つけられる。これがスピリチュアリズムの真理なのです。

よい種を蒔くことが大切

多くの場合、人が抱く不安は「取り越し苦労」に過ぎません。

ひとりで生きていくという人でも、「今はいいけれど老後は大丈夫だろうか？」「孤独死をして何日も発見されなかったらどうしよう」と未来を案じて立ち往生してしまうことがあります。

しかし、案ずるより産むが易《やす》し。怠惰に陥らなければ、最後までまっとうに生きることができるはずだと信じて邁進《まいしん》するしかありません。

そもそも、不安に悩んだり迷ったりしている間は人生が停滞しています。そういう時期があってもいいのですが、あくまでも前へ進むための作戦期間でなくてはいけません。答えの出ない不安にただ悩み、本格的に人生を停滞させることは、「歩いているときに上から看板が落ちてきて死んだらどうしよう」と妄想を募らせて家に引きこもってしまうようなもの。引きこもっていれば安泰かもしれませんが、その結果として長生きをしたとしても、死に際に「私の人生は充実していた」と思うことができるでしょうか？

どうしようと考えている間に行動しなければいけません。問題は、不安を取り除くためにどういう行動をしなければならないのかです。ここで心に刻んでいただきたいのが、自分の蒔いた種は自分で刈り取ることになるという意味の「因果の法則」。

良いことも悪いことも、すべては必然。この世に偶然はありません。チューリップの種を蒔いたのにドクダミが生えてくることはないし、カサブランカが咲くこともありません。

このことを現実の人生で考えれば、人に親切にすれば親切が返ってくる。人を粗末にすれば自分も粗末にされるということ。ひとりで引きこもって老後は大丈夫だろうかと心配するより、周囲にいる人たちとのコミュニケーションに心を配り、いざというときに頼り頼られる親密な人間関係の種を蒔いていくことのほうが大切なのです。

第三章

幸せに生きるための哲学

孤高と孤独の違い

さまざまな角度から、ひとりで生きていくことに対する不安の原因と対処法について考察してきました。ここで少し整理してみましょう。

ここまで繰り返し述べてきたように、結婚していようといまいと、子どもがいようといまいと、人はひとりです。大勢でいても、家族といても、寂しさを感じることがあるかもしれません。だからこそ家族を大切にしよう、友だちを作ろうと思うのです。

多くの人が、ひとりで生きていくのは孤独だと捉えているのですが、**ひとり＝孤独ではありません。**

たとえば病院で隣の人が話しかけてきたら、これはもう孤独ではありません。行きつけのお店があったり、習い事をしていたりすれば、そこでの触れ合いがあるということで、すでに孤独ではない。

孤独に陥る原因は怠惰な自分。自分が心を閉ざし、コミュニケーションをとろうともせず、人を大切にすることを怠れば、その結果として疎外感を抱くようになるのは当然だと言えるでしょう。

そもそも「疎外された」と受け身であることに問題があります。自分の人生の主役は自分です。仮につき合いたくない人がいればつき合わないと決める。一方で、つき合いたい人がいるならば、努力して近づけばいいのです。天気の話でもいいし、「あら、素敵な靴ですね」でもいいし、思い切って話しかけてみれば会話に繋がります。それをせず、自分から何も行動を起こさないのに「疎外された」と恨み言を言う、これが孤独を生み出す怠惰なのです。

黙っていたら向こうから話しかけてくれる。心を閉ざしていても、いつかはそんなありのままの私を認めてくれる人が現れる……わけがありません。どれほど依存心が強いのか、ため息が出てきます。

本書の最初で、私がお伝えしたいのは、「自律」をして生きていくための強さを備えていただくことの大切さ、自律とは人はなぜ生まれ、いかに生きるのかという真の意味を伝える霊的真理に従い現世のルールも熟知し、自分自身をコントロールして個として生きていくこと、と書きました。

他人や因習に囚われず、自分自身の素材を見極め、自分の本当に欲していることを分析し、責任主体として人生を選択し、その選択に責任を持つ。

ここまでに繰り返しお伝えしてきたこの生き方を、私は孤高と言っています。

孤高に生きることが、すべての人にとっての幸せへの道なのです。

人はなぜ生まれてくるのか。それは、たましいを成長させるためです。現世は、たましいを成長させるための学びの場であり、たましいを成長させることが、人生の目的。それが、スピリチュアリズムの霊的真理です。この霊的真理にのっとって、自分という素材はなんなのかをしっかり理解できていれば、必ず孤高の生き方を実践できます。曖昧にするから不幸になるのです。では、なぜ人は霊的成長を目指すのでしょうか。本当の意味で幸せになるためです。すべてのたましいが成長を遂げたとき、そこにあるのは満ちる愛。世界全体が愛に満たされれば、自分自身も幸せになることは当然のことですから。

これから結婚する人は、まず自らを孤高の存在として確立しなければなりませんし、結婚をしている人は、孤高で居続けなければなりません。ところが多くの人は、孤独だから結婚しようとします。これが不幸のもとなのです。

孤高で生きるということは、絶対に人のせいにしないということ。誰にも依存せず、誰のせいにもしない生き方が孤高です。**人生は自分自身が主人公だから、すべては自分の力で変えていける。**その思いを持って生きているので、幸せなのです。

孤独と孤高は違います。

ひとりでいることを楽しんでいる人は、それを自由だと感じても、孤独だとは感じません。孤独を感じた時点で、それは甘え。孤独が嫌なら、孤独をやめればいいだけの話です。**孤独は自分自身の怠惰が作り上げたもの。自分の感情の問題です。**他者と繋がる勇気もなく、努力もせず、それでいて自分のコミュニケーション力のなさを棚に上げ、疎外されたと被害妄想を膨らませて、不安に駆られているのに過ぎないのです。なんと依存心の強いことでしょうか。

一方、孤高に生きることには不安はありません。なぜなら自律した人は他者に期待しないと自分で決め、ひとりで生きるとしても納得した上でひとりだからです。孤高でなければ、たとえ100人とカラオケをしていても不安、大家族の中にいても不安でしょう。

孤独だと感じながら生きている人は、行き先のないバスに乗るから心細いのだということも言えるでしょう。私がおすすめしているのは、10年後にどんな自分になっていたいかを書き出す方法。落ち着いて、10年後の自分をイメージしてみることで、人生の目的地が見えてきます。自分の人生の地図をしっかりと備えた上で目的地を目指したバスに乗るのですから、オロオロすることなく、そればかりか車窓に流れる景色を楽しむ余裕さえ持つことができるのです。

加算法で生きる

幸せになるための生き方、つまり孤高の生き方は、人生とは何かを考え、自分の本当の心、本当の気持ちと向き合い分析すれば、誰もが必ず実践することができます。中でも「自分という素材を活かして生きていくためにはどうすればよいのだろう」という視点を持つことが大切。

パラリンピックの父であるルードウィッヒ・グッドマン卿は「失ったものに未練を残すな。残されたものを最大限に活かして生きろ」という言葉を残しています。健常者として生きる人の人生においても同じことが言えるのです。

重要なのは、加算法で生きるという人生哲学を備えること。

人に期待するのは依存心のあらわれであるとお伝えしましたが、さらに元を正せば「あの人には幻滅した」という発想は他者に対して減点法で接することから生じるもの。人に依存し、何かをしてくれるはずだ、理解してくれるはずだと期待をしていると、してくれなかったときにショックを受けます。けれど孤高に生き、他者に依存していなければ「家族なのに」「夫婦なのに」「友だちなのに」などと裏切られた気持ちになることなどありません。自律して期待せず、良い部分だけを見つめて生きれば、すべてのことに感謝して生きることができるのです。

たとえば人に親切にしてあげたいと思った。このときの心がゼロ地点であるとして、「ありがとう」と言ってもらえるものと思い込んでいるのに言ってもらえなかったとしたらマイナスになってしまいます。片や「ありがとう」という言葉を端から期待していなければ、「ありがとう」と言われた途端にプラスに感じられる。同じ事象であっても心の立ち位置によって、見える景色はまったく違うのです。

加算法で生きることは幸せに生きることと直結しています。

そしてまた、加算法で生きることこそが孤高に生きることなのです。

周囲の人と調和するために

ひとりでいても寂しさを感じず、それどころか自分だけの時間を謳歌することのできる人がいます。

たとえば私は自分の気持ちが外に向いていないときには、友人からの誘いは断るようにしています。無理を押して会っても、心から楽しむことができないようでは相手に失礼だと思うからです。こういう気持ちのときは、疲れていることが多いのです。そのため、心の余裕もありません。心に余裕のないときは、何をしても上手くいきません。こうしたときはひとりで過ごすに限ります。その中で私が自分を見つめながら目指しているのは、周囲の人との調和なのです。

ひとりで過ごす中で人はいろいろなことを考えます。その時間を経験することで人はたましいを磨くことができると言えるでしょう。

問題は、ひとりで過ごす時間と他者と関わる時間のバランスです。バランス配分は人の性格や環境によってさまざま。しかも一度決めたら永遠に変わらないというものではありません。その時々の自分と向き合った上で、今はコミュニケーションを通じてたましいを磨く時期、今はひとりで内観（自分の心を見つめること）をして過ごす時期と見極めていかなければ心が疲弊してしまいます。このとき、部屋に植物を飾ったり、クリスタル（水晶）などを身近に置くと、より落ち着く助けになります。

ひとりの時間をいかに過ごすかが重要。まずは、ひとりは哀しい、ひとりは寂しいという思い込みを手放すことから始めてください。

死後に彷徨う人、彷徨わない人

あなたはひとりで外食をすることができますか？　ひとりで映画を見ることができますか？　一人旅をすることができますか？

実は、単独行動が苦手な人は死んだあとに彷徨《さまよ》います。なぜなら人はみな、死ぬときはひとりなのですから。

確かに、ひとりで食事をするより友だちと一緒に食卓を囲んだほうが楽しいということはあるでしょう。けれどその場合のメインは会話。美味しい料理を心ゆくまで堪能したいと思ったら、これはもうひとりで食べることに集中するに限ります。映画鑑賞にしても、旅にしても、そして人生においても、ひとりなら人に気兼ねすることなく自由にメニューを選択し、自分のペースで楽しむことができるのです。

ひとりで行動できないということは、時間や物事のありように対して感謝ができない、ということでもあります。たとえば映画を見るとき、人と一緒だと、どうしても集中力がそがれます。映画や読書などを通じてさまざまな人生の経験を疑似体験することも、たましいの成長には欠かせないこと。その積み重ねが充実に繋がるのに、みすみすその機会を逃しているとも言えるのです。

こうした話をすると、「ひとりで行動できるよう努力します」と言う人がいますが、努力しなければいけないと捉えているところがすでにひとりは寂しいと刷り込まれている証拠。

私は家族や友だちを拒絶して生きることをお勧めしているのではありません。孤高に生きるとは、社会の中で人と関わり合いながらも常に自分の意志を主軸に置いて生きる姿勢です。他者を尊重し、あるときは他者との距離を置き、あるときは助け合う。

そのバランス感覚を保つために自立心や自律心が必要なのです。

自分が生きていくだけのお金は自分で稼いでいる、生活が苦しくなってもできるところまでは自力で頑張るということでなければ、たちまち依存心が芽生えてしまいます。

自分を救うことができるのは自分だけです。一時的に生活支援をしてもらったところで根本的な解決にはなりません。

そのことがわからず、「家族なのに助けてくれないなんて」「友だちなのに冷たい」と恨みを募らせ孤独を感じてしまう。孤独は依存・甘えから生まれるのであって、孤高の生き方をしていれば、他者に期待をしていない分、孤独を感じることなど少しもないのです。

孤高に生きれば、死ぬときにも死んだあとも自分自身のことに責任を持つことができるでしょう。

孤高に生きるとはどういうことか？

孤高とは人生哲学を持った自律した生き方の姿勢であるとお伝えしました。ところが孤高というと、一芸に優れているあまり世間から孤立してしまい、ココ・シャネルやマリア・カラスのように一匹狼として生きることを連想する人も多いようです。

また、「そうはいっても人はひとりでは生きていけませんし」と言う人もいます。おそらくそれは金八先生の名ゼリフとして知られる「人という字は人と人が支え合っている」の刷り込みでしょう。確かに支え合うことは大切。その意味で金八先生は間違ってはいないのです。けれど自律した者同士でなければ支え合うことはできません。その証拠に、「人」という字の元となる象形文字は人がひとりで歩いている姿。人は基本的にひとりなのです。

孤高に生きていれば、人間関係で苛《いじ》めに遭うのではないかという心配も無用です。やむを得ずややこしい人間関係の中にいても、たとえば自分は人の悪口は言わないぞという信念があれば問題はありません。

一例として、ママ友同士の関係性に悩む人からの質問で多いものに、「人が言った悪口に頷《うなず》くと、同調しているようにとられて困る。かといって批判すれば気まずくなるし、一体どうしたものでしょう」というものがあります。

私はそうした方に、「そういえば、あの店のケーキが美味しいって知ってる?」と唐突に食べ物の話を始めること、それでダメなら、「あらぁ、このネックレス素敵!」と相手を褒めることで話を逸らすことができますよ、とアドバイスをしています。今、悪口を言っている、その人自身を褒めてしまうのです。人間は、褒められると、瞬時に「いい人になろう」という意識が働きます。すると、発言もいい人であろうとする方向に変わっていくのです。私はこれを冗談で、「ネガティブの背負い投げ」と言っています。自分の芯がしっかりあれば、柔軟にネガティブを背負い投げられるのです。

人に対する偏見を捨て去れば、自然と孤高になります。たとえば「あの人はひとりでランチだって。寂しそう」などと言う人がいたとします。人の言葉は映し鏡。一番気にしていることを知らず表現してしまうのです。「ひとりでランチは寂しそう」と言う人は、以前ひとりランチで寂しい思いをしたというトラウマがあるから人のことが気になるのです。ひとりご飯があたりまえだと思っている人がそれを聞いても、

「ふうん？」と思うだけのこと。自律している人は、誰が何をしていようと意に介しませんし、自分もまた自由に振る舞います。ひとりでランチタイムを過ごしたければそうするでしょう。

人のことをあれこれ言う人は、自分も人からあれこれ言われる対象となる。人のことを詮索しない人は自分も人から詮索されることはない。自分を律し、他者に必要以上に介入しないという姿勢で生きていれば、人は誰でも孤高に生きることができるのです。

小我から大我へ

孤高に生きるとは、大我に生きるということでもあります。

生涯を通じて人が自己中心的な「小我」から、無償の愛である「大我」へ目覚めるために、プログラムを辿りながら少しずつたましいを成長させていくのも、その目的は孤高に生きることにあるといってもよいでしょう。

大我に目覚めるためのプログラムは大きく5つのステップに分かれています。ここから先を読み進めていただくにあたり、このステップを認識していただくことが欠かせません。これまでにも「人間関係」をテーマにした講演や書籍を通じてお伝えしてきましたが、ご存じない方のために簡単に解説しておきましょう。

1つ目のステップ ▼▼▼ 家族

私たちは「家族」という学び舎《や》で人間の核となる愛を学びます。

生まれたばかりの人間は小我の塊《かたまり》。相手の都合も考えず、ミルクが欲しいと言っては泣き、抱っこしてほしければぐずりとわがまま放題ですが、全許容されます。家族とはいえ、たましいの上では個別である人に対してわがままを言える時期と場が与えられ、その中で人は愛を覚え、心の安定を養っていくのです。

盲導犬候補の仔犬は、パピーウォーカーのもとで約10か月間、人間の愛情をたっぷり注がれて育ちます。この時期に人間は信頼できる存在だということを心に刻まなければ、その後に続く厳しい訓練を耐え抜くことができないからです。

更にオシッコはオシッコシートでする、寝るときは自分の寝床で、といった躾《しつけ》を教えられます。この社会性を備えていなければ、訓練学校で周囲に迷惑をかけ、自分自身も苦労することになるからです。

人間も同じ。家族とのコミュニケーションを通じて、生きていくのに必要な愛のベースを作り、ルールやマナーを覚えます。このことを理解していない子育ては子どもが不幸なだけです。

2つ目のステップ 友人

家族という温室から飛び出し、最初に出会うのが友だちです。家族の中では許されるわがままも友人関係の中では見逃してはもらえません。家では目玉焼きにはソースをかけて食べているのに、醤油をかけて食べる家もあるのかというカルチャーショックを覚えるということもあります。つまり人は、友だちを通じて家族とは違う人間関係が存在することを知るのです。

人は友人と関わる中で「こんなことを言うと嫌われてしまうのか」「こんなことをすると喜ばれるんだ」「ここまですると呆《あき》れられる」といった具合に相手を尊重し、人の気持ちを察するための想像力を学ぶのです。

3つ目のステップ ▼▼▼ 恋愛

友人とは対等な関係です。けれど好きだという恋愛感情を抱く相手とは最初は対等であるとは言えません。

どうしたら相手に好意を抱いてもらえるだろうか？　と考えた上で、距離感を測りながら、言動に気を配りつつ、高度なコミュニケーション力を駆使しなければならないのです。また、意中の人がショートヘアの女性が好きだとわかれば、自慢のロングヘアをバッサリと切るのも厭わないといった具合に、恋愛を通じて人は自分を曲げることを覚えます。

意中の人のために早起きをしてお弁当を作ったり、手編みのセーターを編んだりするのは、好かれたいが故の行動であり、小我の域を脱しません。お弁当やセーターを喜んでもらえなかったとき、がっかりしたり落ち込んだりするのは、「これだけしたのに」という依存心の証拠です。しかしそれもたましいの成長の過程。

好きな人が自分以外の人と結ばれて苦しんでも、最終的に好きな人が幸せならばいいと考えられるようになるかどうか。これが、小我を捨て大我に到達するかの恋愛ステップです。「私を捨てないで」とすがったり、恋のライバルを逆恨みしたりするのは、誰よりも自分だけを愛している証拠。

上手く想いが伝われば安堵《あんど》し、恋が成就すれば喜び、ヘマをすれば落ち込み、失恋をすれば悲しみに暮れる。その過程で、たましいを成長させていく。恋愛は、自らの感性を磨くための場でもあります。

4つ目のステップ ▼▼▼ 仕事

社会人になることは大海原へ飛び出すことを意味します。社会という大きな海の中にはそれまでに見たこともないような価値観の違う人が大勢いる上に、友だちや恋人とは違い、仕事で知り合う人は選べません。ここに大きな学びがあるのです。

職場が楽しくないと悩む人もいますが、職場はディズニーランドでも、お見合いクラブでもありません。楽しさを求めること自体が間違っています。社会勉強をさせてもらった上にお給料までいただけるありがたい場所だと捉えなければいけないのです。

主婦にとっては、家庭が職場。この認識が抜けていると不満だらけになってしまいます。お姑《しゅうとめ》さんが苦手だという悩みを抱えている人もいますが、夫の親族は上司だと思わなくてはいけません。お正月に夫の親と一緒に過ごすのは苦痛だとしても、それも仕事の一環。社会の中で働く人を考えてみてください。上司が苦手だから会議に出たくないなどと我を通すことが許されるでしょうか？

　社会に出れば、嫌な上司だなと思っても逃げ出すことはできません。叱られて理不尽な思いを強《し》いられることもあるでしょう。けれどお給料をもらって働く以上、自分の使命は会社の業績を伸ばすこと。主婦であれば家庭円満が主軸。その目的を果たすためには、ときには本音を隠したり、自分の考えとは違うことに取り組まなくてはならない場面もあります。

　お給料や生活の保障は、責務を果たしたことによる対価。苦労は嫌、だけどお金は欲しいなどというのは道理が通りません。たとえ自分の意に反していても、すべては会社の利益のためと割り切り、主婦であれば家族の幸せのためと割り切り、前へ進むことが求められます。その中で人は綺麗事では生きてはいけない世の中の厳しさを知り、清濁併せ呑んで生きることの大切さを心に刻むのです。

5つ目のステップ ▼▼▼ 結婚

ここで再び、家族に戻ります。けれど結婚は育った環境や価値観の違う人との共同生活。自分の我を通していては破綻してしまうのです。

情熱的であることが素晴らしいとされる恋愛とは異なり、結婚では現実的な生活を見据えた上、冷静に相手を選び、地道な愛を培うことが求められます。アメリカの人類学者ヘレン・E・フィッシャーは『愛はなぜ終わるのか』という著書の中で、《自然界に見られる雌雄間の愛は一時的なものであり、人間も生物学的に見れば、愛が4年で終わるのが最も自然である》と記しています。

科学的に解明されているように、愛する人と結婚したとはいえ、男女の愛は永遠には続かないというのが自然の摂理。実はスピリチュアル的にも、ラブラブな蜜月期が終わり、家族愛へと移り変わるところからが本格的な学びの始まりであると言えるのです。

いかに配偶者と自分の価値観を摺《す》り合わせ、譲り、許し、互いに理解を深めていくことができるか。これがテーマである「結婚」を通じて人は忍耐を学びます。

更に成就のステップとして「子育て」「介護」へと駒を進めます。1つ目のステップ「家族」では、愛されることで愛を覚えましたが、「子育て」「介護」では愛を注ぐことで愛を覚えるのです。

子育てを通じて、親が自分に注いでくれた愛に気づくことがあります。親の気持ちを初めて理解したという人もいるでしょう。

また、介護は親を超えたと認識するためのイニシエーション。あの立派な親がひとりでは何もできなくなってしまったとガッカリすることに始まり、親に依存できないとはっきりと悟り、自分がしっかりしなくてはと腹を括る。子育てや介護を通じて大我は完成するのです。

天涯孤独であるなど、子育てや介護を経験することのない人もいますが、「ひとり」もまた人間関係のひとつであることは、これまでにお伝えしたとおりです。どうやって自分の後始末をするかと悶絶する中で、自分のことは自分でしなければと腹を括る。そのことで大我は完成するのです。

小我から大我へのステップを把握すれば、物質主義的価値観による幸せが真の幸せではないことを理解できるはず。苦労も失敗も後悔も、たましいを成長させるためのありがたい学びに他なりません。このことを踏まえた上で、人生における人間関係という視点から、ひとりで生きることの怖《おそ》れを手放し、孤高に生きることに対する理解をさらに深めていきましょう。

第四章

友人は必要なのか？

あなたに友だちはいますか?

人がいかにして人間関係の中で学びを深めていくかについて、理解していただけたと思います。そこで、改めて友人について考えてみましょう。

あなたには友だちがいますか?

この質問に対して「います」と言う人もいれば、「いません」と答える人もいると思いますが、では友だちの定義とはなんですか? と尋ねられたときに明確な答えを出すことのできる人は少ないのではないでしょうか。

友人と知人の違いは何か? 友だちと親友はどこで線引きをするのか? 深く掘り下げていけばいくほど、友だちの定義は曖昧なものになっていきます。

会ったこともないフェイスブックで繋がっている人たちのことを真の友だちであると認識している人はいないと思いますが、それでも「フェイスブック上の友だち」と称することはできます。どこからどこまでを友だちとするか。その人の捉えように よって、友だちはゼロといえばゼロであり、1000人といえば1000人いるということなるのです。

いずれにしても友だちの数を誇るというのは物質主義的価値観によるもの。都合の悪いことが起きれば簡単に友だちリストから消去してしまうような関係性は友だちとは言えません。

あなたはどうして友だちが必要なのですか？　と尋ねると、多くの場合、「なんでも話せるから」「理解して寄り添ってくれるから」「いざというときに頼りになる存在だから」といった答えが返ってきます。これは結局のところ友だちに依存しているということです。

自律して生きるときに重要なのは「加算法」だとお伝えしました。友人に何かを期待して、いざというときに期待したとおりの結果が得られないと怒ったり落胆したりするのは、減点法の考え方。逆に考えてください。友人がとてつもない窮地に陥ったとき、即座に助けることができますか？　大金を無心されたとき、貸すことができますか？　相当な覚悟がなければ、おいそれとはできません。自分ができないことなのに、自分は平気で友人に期待する。それは依存以外のなにものでもありません。相手もそうなら、共依存です。

家族もしてくれないのに、友人なんだからしてくれなくて当然。最初からそう腹を決めておけば、何かしてくれたときの感謝は2倍、3倍になります。また、この人にならと、いざというときのことを頼めるという友人ができたときは、事前に気持ちを表そうという謙虚さも生まれます。年に1回の食事でも、旅行に行った際のお土産でもかまいません。気持ちを表しておくのです。ただ、それをすることで相手に負担をかけるし、自分にも負担がかかることを覚悟して。

友だちは人生のメインではない

友だちがいるもいないも表裏一体とお伝えしました。100人の人とカラオケをしたとして「これってギネスじゃない？　最高に楽しい！」と思うか、「100人の人とカラオケをしていても孤独だ」と思うか。どちらが人生を謳歌していくことができるかは明白です。

孤高で、自律し責任主体で生きていたら、世界はみんな友だちです。100人とカラオケしても寂しいなら、それは友だちができないのではなく、友だちを作ろうとしていないということ。この差は充実した人生を送る上でとても大きなものです。友だちは自分の人生を豊かに彩ってくれる存在なのですから。

自分にとって友人はカスミソウのようなもの。人生の主人公は自分であり、友だちはそれを彩ってくれるカスミソウ。逆に、友人にとって自分はカスミソウなのです。

それなのに、自分だけは相手にとってのバラでありたいと願う人の多いこと。

会いたいときは会い、会う気分でないときは会わない。それが許されるのがお互い自律した真の友だちの特権。そうした責任主体な関係性の中で、相手を慮《おもんぱか》り、自分の強さを養うことがたましいの学びなのです。

自律心で結ばれた友だちと依存心で結ばれた友だち

毎日のように会ったり、暇さえあればメールやＬＩＮＥで繋がっている。そうした友人とは、熱しやすく冷めやすい関係であることがほとんどです。

自律して生きるもの同士の真の友情とは、細く長く続いていくもの。しばらく会わずにいても会えばたちまち意気投合し、充実した時間を過ごすことができるという信頼関係が成立していれば、それぞれに頑張り、たまに会うので十分だと思えるはずなのです。

それぞれに頑張っていることを認め合う人とは自律心という波長で結ばれています。一方、べったりとしていなければ安心できないという人とは依存心という波長で結ばれています。

自分の持ち時間を10割として、9割程度は個別に頑張り、1割程度を「こんなことがあった」と友だちと報告し合う時間にあてるのであれば、友だちと過ごす時間はストレス解消だと言えるでしょう。ストレスを解消したら、明日からも頑張ろうという気持ちにもなります。

けれど個別に頑張る時間が1割程度で、友だちと過ごす時間が9割程度だったとしたら、本来すべきことをしていないわけですから、よい報告ができるはずもありません。

その結果、愚痴や人の批判、迷いや悩みを打ち明けるだけの意味のない会話に時間を費やすことになります。一見ポジティブに感じられる会話であったとしても「こんなことがあったらいいね」という机上の空論でしかないのです。

お互い様だと傷口を舐《な》め合っているうちは、両者の波長は同じですが、片方が「こんなことをしている場合ではない」と気づいた場合には、両者の関係は急速に冷めていきます。「こんなことをしている場合ではない！」と悟った人はその時点で波長が高くなったのです。

波長が高くなった人にとって、相手はいつまでもウダウダしている疎《うと》ましい存在となり、距離を置こうと考えるようになります。それを受けたもう片方の人が自分も相手に倣《なら》おうと思えば同じように波長を高め、両者の関係は続くでしょう。けれど「最近、彼女はつき合いが悪くなった」などと苛立《いらだ》ちを覚えたなら、自分と同じ波長の気の合う友だちを求めて波長の高くなった友だちからは離れていく。これが友だち関係における「波長の法則」です。

助けてくれる友だちなどいないのが普通

メールの返事が戻ってこなかったり、今日は会えないと約束をキャンセルされたときに寂しいと感じるのは「頼れる人」を望んでいることのあらわれ。友人に自分の話を「うん、うん」と聞き入れてくれるイエスマンであることを期待するのは、傷口を舐め合う相手を必要としているのに過ぎません。

友だちを依存できる存在だと捉えている限り、いつ摩擦が起きても不思議ではないのです。風邪を引いては「友だちなのに心配してくれなかった」と落胆し、転職のことで悩んでは「友だちなのに親身になってくれなかった」と相手を恨むというのでは関係性がギクシャクしてしまいます。

友だちは人生を彩る存在。花にたとえればカスミソウ。

もちろん自分も相手にとってのカスミソウです。ところが自分は相手にとってのバラでありたいと望んでしまう人が少なくない、というのもお伝えしました。

そうした人に限って、自分がお金に困っていたら理由も聞かずに必要なお金を貸してくれる人が真の友人だなどと捉えています。そこには自分がお金を貸す側になったときには二つ返事で応じるのか？　という想像力が欠けているケースが多いのです。

自分が助ける側になると考えれば、それ相応の覚悟が必要だということがわかります。それなのに、助けてくれない友だちに対して腹を立てる。このことの勝手を思えば、いかに自分が偏った友だちの定義を持っているのかに気づくことができるのではないでしょうか。

現実的には、いざというときに助けてくれる友だちなどいません。いないと思って自律して生きなければいけないのです。

「親切」と「お節介」は似て非なるもの

よかれと思ってしたことなのに、感謝されないばかりか迷惑だ、お節介だと反発を買う結果になってしまうことがあります。

親切心が受け入れられないのにはわけがあります。過去の相談者の中にも「自分は理解してもらえない」と悩む方がたくさんいました。そうした人の多くに相手のためを思って親切にしたという、一見すると大我100パーセントのような心の底に、自分をアピールしたい、自分をよく見せたい、恩を売って相手を思い通りにしたいという欲がうず巻いていたのです。「恩を仇《あだ》で返された」と思う場合などは、まさにその典型と言えます。

人は自分が行動しようとしていた矢先に口出しをされると「今、やろうと思っていたのに」とイラッとする習性があります。自分のことは自分で考えると決めている人にとっては急かされているようで困惑するということもあるでしょう。また、自分がいいと思っていても、他の人はそう思わないかもしれません。価値観はみんな違います。あなたが美味しいと思う料理を相手も美味しいと感じるとは限らないのです。

ここで必要なのは観察力、そして洞察力。自分をアピールしたいという感情は捨て、相手が本当に望んでいることを読み取らなくてはいけません。

人に親切にするときは、助け合い運動だと捉え、人の役に立てることに感謝するべきなのです。徳は積んでおけば、親切にした相手からは戻ってこなくても、思わぬ人から親切にされるなど、嬉しい出来事が巡ってきます。

「してあげたのに」「してくれなかった」と思う心は小我を測るリトマス試験紙。そんな気持ちが過《よ》ぎったら「いけない、いけない」と自分に言い聞かせた上で「ま、いいか」と声に出して言いましょう。言霊の力を借りて、ネガティブな感情を一気に押し流す。気持ちを切り替え、淡々と歩み続けることが、すなわち自律なのです。

幸せな友人関係とは？

お互いに自律した真の友だちを作るためにはどうしたらいいのでしょうか。

キーワードは「大我」です。「情けは人のためならず」という言葉があります。情けをかけるのは相手のためではない、まわりまわって自分に戻ってくるのだ、という意味です。

このことを説明するために、スピリチュアリズムでいう「類魂（グループ・ソウル）の法則」についてお伝えします。

私たちは誰もがたましいの故郷を持っています。たましいの故郷をコップに入ったた一杯の水にたとえれば、私たち一人ひとりはコップから飛び出した一滴の水であり、現世での修行を終えて、再び一滴の水としてコップの中に戻るのです。そのことを繰り返すうちに、最初は優しさに欠けていたり、自分勝手だったりという未熟さから濁っていたコップの中の水が、少しずつ透明度を高めていきます。

それぞれのたましいが現世で学んできたことがグループ・ソウル全体の叡智《えいち》となるのですから、私たちは常に他者の不幸は自分の不幸であり、他者の幸せは自分の幸せであることを忘れてはいけないのです。

ここで本当の愛とは何かと考えてみてください。

たとえば友人からお金を貸してほしいと言われたときに、私ならその用途を聞いた上で、親の入院費用が一時的に足りないなど納得できる理由であれば、あげるつもりで貸します。

けれど、ブランドのバッグが欲しいからといった私欲を満たすためのお金であれば、相手のために心を鬼にして断ります。「自分の稼ぎで追いつかないほどのものを買うべきではない」と理由も伝えます。そのときには冷たいと恨まれるかもしれませんが一切動じません。行動の動機が「相手のことを思って」という大我なものであれば、必ずいつか理解してもらえる日が来ると信じているからです。

　子どもが欲しがるオモチャを望みどおりに与えることが真の愛ではないというのと同様に、自分が相手に迎合したり、執着していたり、良い人だと思われたいという気持ちから手を差し伸べるのは愛ではありません。

　逆に自分が助けを求める側であった場合にも、簡単に手を差し伸べてくれる人が自分のことを親身になって考えてくれているとは限らないという目を備えておくことも大切です。

　また、波長の法則により、自己愛の強い人は自己愛の強い人にしか出会うことができません。一方、自分のことよりも他人を愛するという意味の利他愛を持って生きている人の周囲には、利他愛を持つ人が集まります。

　社会人になったのだからしっかりと生きようと決意したら、ダラダラと過ごしている時期に近くにいた友だちとは疎遠になり、気づけば向上心の高い人たちに囲まれていた。そうした経験はありませんか？　このように波長が変わればつき合う友人は確実に変わります。

　良い友だちが欲しいと思うのであれば、まずは自分自身が大我の愛に目覚めること。

良い友だちとの縁を深めたいと思うのであれば、それにふさわしい自分であることを心掛けること。そして友人の幸せを祈ることが大切。

幸せな友人関係とは、互いに尊重し合い、自分より他人を愛する心で結ばれた関係のことなのです。

人と関わるのが怖いというトラウマ

人と関わるのを怖がる人がいます。そうした人の多くが「人に悪口を言われたことがある」「人に裏切られたことがある」といったトラウマを抱えています。

私は人に悪口を言われたら「悪く言ってくれてありがとう！」と感謝すべきだとお伝えしています。その悪口がやっかみから出たなら、褒めてくれてありがとう。痛いところをつかれたなら、自分の短所を教えてくれてありがとう。心の中で「ありがとう！」と言い放ち、あとは忘れてしまうことです。

意地悪をする人は自分もまた他者から悲しい思いを強いられます。それ以前に、意地悪をする人は自分も苛められている人だと考えることもできます。そうであれば気の毒な人だと思って見逃すこともできるはずです。

問題は「人に悪口を言われた」「人に裏切られた」ということに対してショックを受けることの心理です。

その根底にあるのは、人によく思われたい、人に尊重されたいという多大な期待ではないでしょうか。自分守りのために殻に閉じこもっている人に対しては、ご自由にどうぞとお伝えするしかないのですが、本当にトラウマを克服したいのなら失敗を恐れず、人と関わることです。

人と関わるのが怖いというトラウマを抱える人は、「自律した個として、人間関係を学ぶ」という課題を持って生まれてきた人がほとんどです。人の顔色を窺うことなく、堂々と人間関係の輪の中に踏み出せば、驚くほど人生が好転することでしょう。

友だちがいてもいなくても、誰もが基本はひとり。

まずその真実さえ自分の真ん中に据えていれば、勇気を出して人と関わる一歩が踏み出せます。悪口を言われても「ありがとう」。これを繰り返しながら人と関わることで、多くの学びと実りを受け取ることができるのです。

友人とは腹六分でつき合う

友だちが少ないからと、やっきになって友だちを増やそうとする人がいます。友だちが少ないと可哀想な人だと思われるかもしれない、と世間体を気にしているように思います。

幸せに生きるために大切なのは世間体ではなく、生まれ生きる理由と社会性を重んじ、自分自身をコントロールして自律して生きることです。そこを履き違えると、やがて自分はなんのために生きているのか？　といった心の壁にぶちあたってしまいます。

もう一度お聞きします。あなたにとっての友だちの定義とはなんですか？

孤高に生きているならば、自分が友だちだと思えば誰でも友だちだし、友だちではないと思えば違います。数の多さは関係ありません。すべて、自分が主体で決まるものなのです。

いざとなれば頼れる、愚痴を聞いてくれる、だからこの人が友だちだ、というのは、単なる依存だということはすでにお伝えしました。

依存できる存在＝友だち、と感情的に判断していれば、どの人といつトラブルになってもおかしくありません。依存度が増せば、さらに不平不満が出ます。

幸せに生きる孤高の生き方では、友人とは腹六分でつき合うことが大切です。

腹六分というのは観念的な言い方です。これを現実に落とし込んで理性的に定義づければ、こういうことになります。

人間関係にはすべて「お代」が必要。

あなたはこれをどう捉えますか？「えー、冷たい」「寂しい」と思ったあなたは、自律できていません。

お金というのは、人間の心を鍛える素晴らしい道具です。ひとりで生きていくという自律を目指すなら、お金を絶対的理性で捉えなければいけません。

この世のすべてのことには「お代」が必要です。お金や物品だけではありません。「ありがとうございます」という礼節、これもお代なのです。礼節に欠けている人ほど、お代を払わないために、人とトラブルが生じます。

特に女性は、「そんなことは言わないの」「寂しいこと、言わないの」「水臭い」と、観念的なことをよく口にしますが、それがトラブルのもとなのです。

友だちであろうと家族・親族であろうと、自律して生きていく際、すべてのことには〝お代〟が必要。この法則を絶対に持っておく必要があります。それが幸せの道なのです。

たとえば、ひとりで生きている人は突然事故で死ぬかもしれない。そんなときのために、あとのことをお代を払って司法書士や弁護士、複数の友人にお願いしておくというのも理性であり自律です。そのためのお金なのです。

常に「お代、お代」と思っていれば、人間関係は驚くほど楽になります。してもらったら、ちゃんとお返しをする。日本には、この腹六分目の文化がもともとありました。隣から何かおすそ分けをもらったら、空では返さない。お祝いをいただいたら半返し。

面倒くさい、と思うかもしれませんが、おつき合いという中でルールをちゃんと決めていくことで、対等でなくなることを避け、お互いに自律した関係で腹六分目で人間関係を保っていました。

この考え方はとても重要です。スピリチュアリズムの因果の法則にも通じているのです。

第五章

結婚と自律

一　結婚すればひとりではないのか？

誰の人生にも平等に学びがある

「家族」「友人」「恋愛」「仕事」「結婚」という小我から大我へのステップからもわかるように、スピリチュアル的な視点で見れば、恋愛は感性の学び、そして結婚は大我の愛を育てる忍耐と絆《きずな》を作る学びです。

忍耐の学びは人生修行ですが、修行に楽しさを求める人はいません。誰もが自分を磨こうと思って挑むのです。それでも結婚は素晴らしいもの。苦しい思いをした分の実りはあります。結婚に限らず、仕事だって、スポーツだってそうでしょう。目的を持って挑み、やり遂げたときに得た達成感は生きていることの喜びに通じるものです。

ところが講演会などで「結婚は忍耐の修行です」とお伝えすると、必ずといっていいほど飛び出すのが「では独身の私には忍耐の学びは必要ないということなのでしょうか?」というもの。今ではすっかり慣れてしまいましたが、初めてこの質問を受けたときは、あまりにも短絡的な発想に驚いたものでした。

忍耐は結婚生活においてのみ強いられるものではないはずです。友だちづき合いの中で「いつかわかってくれる日が来る」と心の折り合いをつけなければいけない場面もあります。職場で自分が望む部署に配属されず、認められるまで頑張るしかないというときに必要なのも忍耐。いつまで続くのかわからない家族の病気や親の介護と向き合うのに際しても忍耐が求められます。

人にはそれぞれに与えられた使命があり、現世での課題も人それぞれですが、スーパーコンピュータともいうべき天の采配により、誰の人生も平等に学びを深めていくようプログラミングされています。

結婚も忍耐の学びのひとつの場であるということであって、結婚だけが忍耐修行の場であるなどと私は説いていないのに、独身でいれば忍耐は学ばなくていいのだと楽なほうへ楽なほうへと考えようとする。こうした短絡的な発想を持っている限り、ひとりであろうとなかろうと、幸せになることはできません。

結婚しても自分の人生の主役は自分

学びの必要性を度外視して言えば、本当は独身で、経済的に自立するための仕事があって、健康で、一定の距離感を保つことのできる自律した友だちがいて、たまにコンサートや旅行に行くボーイフレンド（ガールフレンド）がいるという状態が一番幸せなのです。

というのも、スピリチュアル的な視点で見れば、結婚は互いの守護霊同士が、この二人が一緒になれば、たましいの成長を促すことができるだろうという話し合いの結果であり、待っているのは忍耐修行。多くの人がそうした認識のないまま結婚をゴールだと捉えますが、結婚は新たな修行の幕開けを意味します。

ですから私は「結婚って大変なんですね」と言う人に出会うたびに「あたりまえでしょう」と思います。「子どもを産んだら自分の時間がありません！」と言う人に出会えば「なぜ、そんなあたりまえのことを言うのですか？」と思います。

「夫が頼りになりません」などと訴える人もいますが、自分で決めなくてはいけないことが多いのもあたりまえのこと。夫婦は「個」と「個」の組み合わせ。依存が前提の結婚生活では上手くいかないのは当然だと言えます。自律した者同士でなければ結婚生活は成立しないのです。

結婚しても自分の人生の主役は自分。責任主体で生きなければいけないのです。責任主体と聞いて腰が引けてしまう人もいるかもしれませんが、責任主体というのは、誰にも束縛されることなく自分なりの人生を作ること。これほど素晴らしいことはないと思いませんか？

寄り添ってくれる人がいれば安泰だ、親身になって考えてくれる人がいれば安心だなどと捉えているようでは、結婚しても期待はことごとく裏切られ、その結果、寂しさが募るだけなのです。

真に心安らかに生きていく方法はただひとつ。自律心を備えることです。そのことを忘れないでください。

結婚したいのはなぜなのか？

そもそも、あなたが結婚を望んでいるのはどうしてなのでしょうか？

仕事を辞めたいから、体面を整えたいから、結婚式をしたいから、親がうるさいから、結婚というものを体験してみたいから、家賃をシェアしたいから、将来が不安だから、寂しいから……。

もしもこうした自分勝手な都合から結婚を望んでいるとしたら、そうした人は自己中心的な人としか出会うことはできません。資産家だから、給料がいいから、ハンサムだから、学歴がいいから、エリートだからと相手を条件で選ぶ人は、「波長の法則」により、相手からも条件で選ばれてしまいます。

蜜月期にはラブラブであったとしても、時間と共に情熱は薄れ、やがて心を通わせることができなくなってしまうでしょう。

これまでのところで恋愛は感性の学び、結婚は忍耐の学びとお伝えしましたが、両者は分けて考える必要があります。恋愛でドキドキワクワクするのはいいのですが、結婚へと駒を進めるにあたっては、しっかりと相手の本質を見極める冷静さを備えなければいけないのです。

相手の言葉に一喜一憂してはいけません。「愛してる」と口にすることは誰にでもできます。相手の本質を見極めるために大切なのは行動を見ること。その上で私は**「冬の桜の木を見るように相手を見てください」**とアドバイスしています。今は枯れて見えるけれど、春には満開の花を咲かせるのだと信じて配偶者を育《はぐく》んでいこうと思うことが大切なのです。

人間好きでなければ

私は過去の個人カウンセリングを通して、たくさんの不幸な結婚を見てきました。どれほどの人から「こんなはずではなかった」という言葉を聞いたことでしょう。

ある女性は、夫の経営する会社が倒産したのを受け「私は資産家の夫と結婚したのです。こんなはずではなかったので離婚したい」と言って泣いていました。また、ある人は「夫が不治の病に冒されていることがわかりました。こんなはずではなかったのですが、看病しなければいけないのでしょうか?」と言って泣き崩れました。

自分が可哀想だと泣くのです。一体、どこまで自分が可愛いのかと呆れた次第ですが、もちろんこうした自己中心的な人が幸せになれるはずもありません。何度再婚を繰り返したところで同じこと。結婚は忍耐の学びであるにもかかわらず、学びの途中で放棄するというのですから。結婚生活における本当の幸せは、共に苦難を乗り越えた人だけが体現できるものなのです。

いずれにしても、生きている間のすべての時間は、人生という旅の中で車窓に流れる風景です。今は資産家であるパートナーが永遠に資産家である保証などどこにもないのです。今は健康な人が明日には死んでしまうこともあるのです。そんな儚いものに依存していては怖くて生きていけません。

瞬間にこそ永遠があります。愛を込めて過ごした一瞬こそが財産となるのです。その心の財産は、ときに人を支え、ときに人を励ますミラクルなパワーを備え、生涯にわたって消え失《う》せることがないのだと心に刻みましょう。

何かを得ようとしたり、してもらうことを期待するのではなく、自分がどれだけのことをしてあげられるか。自分の存在がパートナーの人生のプラスになることに喜びを感じることができるか、できないか。結局のところ、人間が好きでないと結婚生活を続けることなどできないのです。

依存心で結婚した人の末路

配偶者の浮気、DV、アルコール依存、ギャンブル依存などで苦しんでいる人は大勢います。スッキリと離婚できれば問題はありません。けれど、この癖さえなければいい人なのにという気持ちから、あるいは子どもへの影響を考えて、なかなか離婚に踏み切れずにいるというケースが多いのです。

中でも熟年世代の女性に多いのが「離婚したくても、自分に経済力がないからできないんです!」というもの。このセリフを聞くにつれ、私は暗澹《あんたん》たる思いに胸が締めつけられます。

働いたことのないまま50代になった女性が仕事を見つけるのは至難の業《わざ》です。たとえ見つかったとしても、生活していけるほどの給料がもらえるでしょうか？

そうである以上、嫌な夫であっても我慢して一緒に暮らすか、生活苦を覚悟で夫と別れるかという厳しい選択を強いられることになるのです。

といって、そうした女性たちのことを自立して生きてこなかったことによる自己責任だと捉えるのは、あまりにも残酷だと思います。

日本には結婚は永久就職だといわれていた時代がありました。結婚すれば専業主婦が主流で、妻が働きに出るのは夫の体面にかかわるとされていた時代でもあります。

しかも家事は立派な仕事であるにもかかわらず、外で働く夫はそれを認めません。団塊世代の男性の中には「誰が食わせてやっていると思っているんだ！」「主婦は楽でいいな」などと呆れたことを言う人も珍しくないといいます。こうしたことを踏まえて考えれば、離婚問題に悩む熟年世代の女性たちは時代の風潮の犠牲者だと言えるでしょう。

けれどそんな時代は終わりました。これから結婚する世代の女性たちには同じ轍《てつ》を踏んでほしくない。経済的に自立していないから離婚できないなどという哀しいセリフは金輪際《こんりんざい》耳にしたくありません。

夫にぶらさがって生きることが結婚だと考えている人は、結婚には不向きなのです。結婚を望み働くことができるのならば、まずは精神的にも経済的にも自立することが先決だと思います。

ひとりで生きることが怖いと捉えるのではなく、怖いのは自律していない自分であると認識しましょう。

依存心を手放せば人生が変わる

自律心の対極にあるのが依存心ですが、この依存心が縁を遠ざけているというのもよくある話です。

ひとりで生きていくのは寂しい、経済的にも心細いという理由から、30代では何度もお見合いをしたり、盛んに合コンに出ていたけれど、結局相手は見つからなかった。そこで40歳になったのを機にひとりで生きていこうと決め、自分には仕事しかないとばかりに真剣に仕事に向き合い始めた。すると途端に恋愛相手と巡り会い、あれよあれよという間に結婚した。そういう人が私の周囲にもいます。

これは無欲になったことで起こる現象。依存心の強い人というのは重いのです。30代のときは、自分でも知らず知らずのうちに放っている「あなたに依存して生きていきたい」という波動を相手が察し、こういう女性は勘弁と思われていたということでしょう。

嬉しいことというのは、いつも不意にやってきます。思わぬ人から思わぬときにホームパーティーに誘われたり、思ってもいなかった人からプレゼントが届いたりといった経験はありませんか?

逆に、あの人にはこれだけのことをしてあげたのだから御礼があってもよさそうなものだなどと考えていたり、誕生日には友だちが祝ってくれるはずだなどと思っていると期待を裏切られてしまうもの。依存心に限らず、欲は物事の流れの妨げとなってしまうのです。

他者に期待せず、淡々と生きることが大切。依存心を手放せば人生はきっと好転することでしょう。

家族仲がよいことの落とし穴

家族の仲がよくて、結婚をする気にならない、結婚する意味を見出すことができないという人もいるようです。

もちろん親やきょうだいと仲がいいというのはよいことですが、共依存になっているとしたら問題だと思います。

戦後、物質主義的価値観が蔓延した日本での大きな弊害のひとつに、自分で自分のことを考えようとしない、考えることができない人間を輩出してしまったことがあると私は考えています。

現在40代50代の人たちは、何がよくて何が悪いかを自分で判断できない人が多い、主体性欠如世代です。この世代を育てたのは物質信仰世代。物質信仰世代の多くが、子どもに高度成長期の中で心よりも物質に重きを置いた教育をしてしまいました。

有名進学校に入学できる子は良い子、できない子は悪い子。親の跡を継いでくれる子には財産を残すけれど、継がない子には何もあげないなどと線を引いて「あなたのために言うのよ」と諭しながら子どもを支配してしまったのです。

こうして生まれた主体性欠如世代の人たちは、親の敷いたレールの上を走れば安泰なのだと思い込み、依存洗脳されて育ちました。その結果、いつまで経《た》っても「こっちですよ」と親が示してくれなければどこを向いて歩いたらいいのかわからない、転んでも自力では立ち上がることさえできないといったひ弱な精神性を備えてしまったのです。

常に親から褒められることを目的に生き、親から「おまえがひとりで生きられると思うのか？」などと言われれば「そうなんだ」と納得し、ひとりで生きていくことに必要以上の不安を抱いてしまう。

転ばぬ先の杖を与え、子どもの自律心を奪うことが愛でしょうか？　日本には「可愛い子には旅をさせろ」という言葉があります。真の愛とは獅子の子落としのごとく、たとえ「うちの親は厳しい」と思われても、「自分のことは自分で考えろ」と突き放す勇気のことを言うのではないでしょうか？

「あなたのために言うのよ」と言いながら子どもを支配してきた親の心の底にあるのは、世間体や見栄、老後を安泰に過ごしたいというエゴです。

家族仲がよいから自活する気になれない、結婚する気になれないなどというのは矛盾しています。親の使命は子どもを自立させることなのに、使命を果たしていない親に憤りを覚えることがないとしたら、ある意味、洗脳されている証拠です。

親は寂しいから子どもを手放したくない、子どもは便利だから親から離れたくない。両者は共依存の関係で結ばれているのです。

こうしたことから私は、結婚するしないにかかわらず、社会人になったらひとり暮らしを始めることを推奨しています。もちろん苦労することも多いでしょう。けれど**想像力は苦労の数で養われます。**大変な思いをした人にしか他者の気持ちを想像することはできない。優しさを備えることはできないのです。

ヌクヌクとした温室のような家族関係に居心地のよさを覚えてまったりしていてはいけません。自律して生きることについて真剣に考えてみましょう。

「喧嘩は先にしろ」の精神で生きる

ビジネスの世界では「喧嘩は先にしろ」というのが鉄則。これは、互いの条件を述べ合って擂り合わせをしておくことを言います。嚙《か》み合わないようなら白紙に戻すのも辞さない覚悟で、最悪の場合のことも含めてじっくりと話し合った上で取り組めば、のちのち揉《も》めることはありません。

日常生活の上でも同じことが言えるのですが、とかく日本人はダメだったときのことを想定するのが苦手です。どちらかがネガティブなことを言い出すと「そんなこと言わないの！」などとはね除《の》けてしまう。それでいて、問題が生じると「あのとき、ちょっと気になったんだよね」などと言い出す始末。「そう感じていたのなら言ってほしかった」などと責め合ったところで後の祭りなのです。

離婚についての相談にみえる方の中にも「やっぱり結婚はすべきではなかった。婚約中から気になっていたんですよね」とこぼす人が少なくありませんでした。

相手の欠点に気づいていたのに見逃してしまったのはなぜですか？　と問うと「好

きな気持ちのほうが大きかったので」「どうしても結婚したかったので」などといった答えが返ってきますが、いずれにしても依存心が生み出した幻想に翻弄された挙句、心の目を曇らせたまま結婚してしまったことが原因です。

欧米では結婚は契約だという考え方が浸透しています。結婚前に離婚することになった場合、共同で買った家はどうするか、貯金はどうするか、慰謝料や養育費はどうするかといったことについて話し合い、婚前契約書を交わすカップルも多いといいます。私もこれに賛成です。

結婚するときに「彼が家庭に入れと言うので」と嬉しそうにしている女性がいますが、私には不思議でなりません。私なら「なぜ仕事を辞めなくてはいけないの？」と尋ねます。「離婚するときに社会生活に戻るのは大変なのだけれど、ちゃんと保障してくれますか？」と確認し、一筆書いてもらいます。それがなくては使い捨ての奴隷と化してしまうとも限らないのですから。

そのことに気づかず、自分は姫扱いされていると勘違いしてしまう人は、依存心で目が霞《かす》んでいるのです。いずれにしても仲が悪くなってからでは互いに意地になったり、悪意が働いたりして正当な判断を下すことが難しくなります。ラブラブなうちにしっかりと契約を結んでおくことが大切なのです。

先日、友人の結婚式に出席した折にも興味深い光景を目の当たりにしました。神父が出席者全員の前で、「誓いの言葉を述べていただく前に確認しますが、本当にこの人でいいのですね？」と真顔で新郎新婦に問いかけていたのです。「今ならまだ引き返せますけれど、大丈夫ですか？」と。

神の前で誓いを立てる以上、添い遂げる覚悟が必要。そのためには、仕事で商談相手を見定めるのと同じように相手を冷静な心の目で見つめなくてはいけません。

結婚をビジネスライクに捉えるだなんて味気ないという声が聞こえてきそうですが、人生で起きることはすべてビジネスライクに捉えなければ先へ進むことができません。些細なことで言えば、友だちと会うのも、美容院へ行くのも、歯科医へ行くのも、仕事のスケジュールに組み込む予定と同じように、一度決めたら動かせないと思わなければ、予定を先延ばしにしたダラダラとした人生を送ることになってしまうのです。

ビジネスライクに生きることは、よけいな感情に翻弄されないというだけでなく、自己管理ができることを意味します。自分の人生の管理を自分でできない人がひとりで生きていくことなどできるはずもないのです。

二　子どもは当てになるのか？

子どものいない人生は不幸なのか？

結婚を望む人がいる一方で、結婚しても砂漠の中をひとりで歩いているようだとドンヨリしている人は大勢います。また、仲のいい夫婦が羨ましいというけれど、夫婦仲がよければよいほど死別の悲しみは深まります。

この世に起きることのすべては一長一短。光があるから闇があるのであり、闇があるから光を知るのです。この「正負の法則」とは「因果の法則」に通じるものですが、いずれにしてもプラスとマイナスは必ずセットになっている。このことを認識して生きることがとても重要です。

子どもにしても、いればよいというものではありません。子どもが欲しいのに恵まれないと悩む人に「なぜ子どもが欲しいのですか？」と問いかけると「老後が不安だから」と答える人が珍しくありません。これは私には「女の子が生まれたら介護士、男の子が生まれたら墓守《はかもり》にしたい」と言っているように聞こえます。これほど悍《おぞ》ましい発想があるでしょうか。

子育ては、現世に生まれることを望むたましいの受け皿になるというボランティア活動であり、子どもは親の所有物ではないのです。

子どもをひとり育てるのに2000万〜3000万円かかるといわれますが、それがなんだというのでしょう。確かに大変なお金ですが、お金がかかることは最初からわかった上で子どもを持とうと思ったはず。ましてや「育ててやったのだから、老後の面倒を見るのはあたりまえだ」などと恩に着せるなどというのは言語道断です。

養育にかかったお金を回収しようという発想に愛はありません。この子は有名私立校に入ったからエリートコースまっしぐらだなどと、株を扱うように子どもを育てることにも、親の跡を継いだら財産をあげるとご馳走《ちそう》をぶら下げて子どもを誘導するのも、そこには愛のかけらもない。もちろん我が子を思ってのことでしょう。けれど、それは我が子は自分の分身だという歪《ゆが》んだ愛。結局のところ自己愛でしかありません。

しかも、子どもが親の望み通りに育つとは限りません。子どもが親の面倒を見てくれる保証などないのです。そのことを期待すればするほど親子関係はこじれていきます。

１９８０年の、予備校に通う子どもが両親を殺害したと世の中を震撼させた「金属バット事件」に端を発し、現在に至るまで親の期待に心を潰された子どもによる事件が続いているのは周知のこと。２００６年に奈良県で起きた「エリート少年自宅放火事件」は、医師である父の厳しい教育方針に恨みを募らせた当時16歳の少年が父親を殺害する目的で家に火を放ち、継母と弟妹が命を落とすというものでした。

とはいえ少年犯罪のすべてが親のせいだと考えるのは乱暴でしょう。同じ親のもとに生まれ、同じ環境下に置かれても、まっすぐに育つきょうだいがいるのですから。育つ環境以前に、人には生まれ持っての性質があります。つまり同じことを親から言われても飄々《ひょうひょう》としている子どももいれば、繊細で傷つきやすい子どもやキレやすい子どももいるということなのです。

でも、だからこそ闇雲に勉強しろと強要したり、絶対に親の跡を継いでほしいと期待をかけたりするのではなく、子どもの本質を見抜き、その子に合った人生の道を示し、見守ることが親の役目。どんな生き方をしようと応援していると伝え続けることが親の愛です。

思うように育たない子どもに悩むのは、親が世間体や見栄に囚われ、無償の愛を注いで育てなかったことによる因果だと言えるのです。

少年犯罪だけではありません。親の「無償の愛」を知らずに育った子どもの心は誤作動を起こします。非行に走る、登校拒否、引きこもり、うつ、摂食障害、リストカット……。

人に羨望され、褒められて生きてきたいわゆるエリートといわれる人が、子どものことで初めて人に頭を下げることになるというのもよくある話。優秀なのがあたりまえだと捉え、子どもに無償の愛を注いでこなかった親は、心を閉ざす我が子に戸惑い、救いを求める中で、子どもに多くを求めてはいけない、普通に生きていてくれさえすればいいのだということを学ぶことになるのです。

子どもがいればと思うこともあるかもしれませんが、子どもはいたらいたで大変です。子どもの問題にかかわらず、この世に苦労のない人などいません。他人が羨ましくて仕方がない人は、物質的な華やかさに囚われるあまり、相手の表面的な部分しか見えていないと言えます。

その人がどれほどの努力をしてきたのか、そのために何を失ったのか、この先どんなリスクを背負って生きていかなくてはいけないのかなどを考えれば、闇雲に人を羨ましいと思うことはなくなるでしょう。

「空の巣症候群」は自律のチャンス

かつての相談者の中には、子どもが自立したあと、ポッカリと心に穴が空いてうつ状態になってしまう「空の巣症候群」の方が大勢いました。「嫁が憎い」という感情をコントロールできず、結果として息子との折り合いが悪くなったと苦悩する方もいますが、これもまた「空の巣症候群」のひとつのあらわれなのではないかと私は捉えています。

「自立してくれなければ困るのだから、これでいいのだ」と頭ではわかっていても、「私はこの子のために必死で生きてきたのに、これから何を張り合いにして生きていけばよいのだろう?」と途方に暮れてしまう。「子どもがいなくなった私の人生ってなんなのだろう?」と自分の存在価値まで疑ってしまう人も少なくありません。

日本の場合、欧米に比べて「夫婦の絆のもとに子どもが存在している」という認識が薄いため、夫婦関係をおろそかにして、愛情のすべてを子どもに注いでしまう傾向があるように感じます。子どもが生まれた途端にパパ、ママと呼び合うようになるのも日本だけではないでしょうか? その結果、子どもがメインになり、子どもが巣立ったあとに燃え尽きてしまい、深い寂しさに襲われてしまうということが考えられます。

母となり、自己犠牲をものともせずに子育てをしてきた人の試練です。この時期を迎えるのは確かに辛いことでしょう。けれど、やはり私は、子離れによる孤独感も自分の心が作り出したものだと思うのです。

厳しい言い方になりますが、子どもが巣立つ前から「これからの人生をどう生きるか?」という計画を立ててこなかったことに問題があります。本来、子どもと親の人生は別々のものだという観念が抜け落ちているのです。

空の巣症候群を脱却するためには、自分は孤独になってしまったという思い込みを手放すこと。その上で、無事に子育てを卒業することができたのだと受け止めることです。

今度は自分自身の人生の第二幕、そして第三幕を充実させようと考える。これまで自由にならなかった時間をゆっくりと過ごそう、これまで我慢してきたことにどんどんチャレンジしようと、自分の「個」としての人生を謳歌することに集中すればよいのです。

大丈夫。子育てを終えた人には、ママ友を通じて培ったコミュニケーション力があります。責任感もあれば、毎日お弁当を作り続ける忍耐力もあるのです。その気になりさえすれば、これまで子育てにかけてきた情熱を自分に向け、自律して生きていくことができるでしょう。

「空の巣症候群」は、ひとりで生きていく覚悟を備える絶好の機会。子どもにとって「一仕事終えたから少し休んで第二幕へ進もう」と颯爽と立ち上がり、活き活きと生きる母親の姿はまぶしいもの。ポジティブに生きることでのみ、母親は永遠に太陽であり続けることができるのです。

「子どもを育てないと一人前にはなれない」は嘘

よく「子どもを育てて初めて人は一人前になれる」と言いますが、人生の中で人が育てるのは血を分けた子どもだけではありません。

絶対に人が成長すると断言できる経験は、親になること、上司になること、会社の経営者になること。いずれも人間力を格段に育むことができます。なぜかといえば、それらはみな、ままならないことだからです。

人は自分の責任ならとることができますが、他人の尻拭いとなると厳しいもの。しかも何度言って聞かせても同じことを繰り返し、頭ごなしに叱れば相手は不貞腐《ふてくさ》れる、甘い顔をしていては舐められる。人を教育していくことで、たましいの筋肉は確実に鍛えられます。

スピリチュアル的に考察すれば「子どもを育てないと一人前になれない」は嘘であると断言することもできます。親よりも子どものほうが、上司より部下のほうが「たましいの年齢」が高いということもあるからです。

私たちはみな、肉体の年齢のほかに、何度生まれ変わったかを示すたましいの年齢を持っています。驚くほど物事の道理や命の大切さをよく理解し、達観している子どもがいる一方、道徳心に欠け、人間の機微に疎い精神的に未熟な大人がいるのはそのためです。親より子どものたましいの年齢が高い場合には、親を反面教師として育つといった具合に、親と子どもは常に一体となって互いのたましいを成長させていくのです。

確かに子どもを持つことで、自分の命よりも大切な存在に触れ、謙虚さや我慢強さを養うことはあるでしょう。といって子どもがいない人であっても、たましいの成長が遅れたり、滞ってしまったりするわけではありません。

アーティストであれば作品を育てます。先輩は後輩を、上司は部下を育てます。また縁のあるペットを飼うこともたましいのボランティア活動。ペットを育てる中で、あるいは植物を育てることからだって教えられることはたくさんあるはず。子どもがいないからと卑屈になることはないのです。

三　離婚してひとり

離婚は必要か？

離婚をしてひとりで生きていくか否かについて考えている人もいることでしょう。

離婚に至る過程はさまざま。そこで離婚すべきか、結婚という忍耐と絆の学びを続けるべきかはケースバイケースです。どちらなのかを見極めるためのポイントは動機。現状から逃避したいだけの「逃げの離婚」なのか、すべきことはした上での「卒業の離婚」なのかを内観しなければいけません。

逃げの離婚である場合には、後悔することになったり、再婚しても同じことを繰り返すなど、上手くいかない可能性が高いと思います。人は持って生まれた課題をクリアするまで何度でも同じ苦難に遭遇するのですから。

離婚について相談にみえる方は、「愛情もなく仮面夫婦なんです」「配偶者の暴言が酷《ひど》いんです」などと自分が被害者であるという立場で訴えるのが特徴的でした。けれど物事には必ず「因・縁・果」（原因・条件・結果）があります。たとえ理不尽で悔しい思いを強いられていたことが真実であったとしても、そうなったことには原因があるということです。離婚の場合、その原因とは依存心や社会性のなさなど。波長の法則により出会い、因果の法則にて結果があらわれたのです。おたがいさまのことなのです。誰がその配偶者を選び、その結婚に踏み切ることに決めたのかと考えれば、相談者にも非があるのです。

むしろ、自分の身に降りかかる不幸をすべて人のせいにしてしまう姿勢が、不幸な状況を招いたと言えるでしょう。こうしたことを理解しないまま、離婚したところで苦労をするのは目に見えています。自分にとって不都合なことが起きるたびに人のせいにしていたのでは、周囲の人からの信頼を得ることができず、仕事も長続きしないのではないでしょうか。

それが卒業の離婚である場合には、離婚を人生の汚点だなどと捉えず、新たな人生を生きるチャンスを与えられたのだと受け止めましょう。再婚、再々婚で幸せを摑《つか》む人がいるのは周知のこと。独身を貫くのも人生、結婚と離婚を繰り返すのも人生。もう二度と結婚はしたくないという人もいますが、それも人生です。

離婚すれば幸せなのか?

DVなど絶対に許されない行為に苦しむ場合は別として、それが「逃げの離婚」であれ、「卒業の離婚」であれ、籍を抜く前に一度別居期間を設けるというのが得策だと私は思います。というのは、離れてみて初めて相手のよさに気づくということがあるからです。

イライラしながら相手と同じ屋根の下に暮らしていては、正しい判断はできません。ひとりになって冷静さを取り戻し、熟考する時間が必要なのです。

イライラといえば更年期の離婚は後悔することが多いようです。更年期は白黒ハッキリつけたいという衝動に駆られるといわれますが、結論を急ぎ、更年期を終えたあとになって「どうして離婚などしてしまったのだろう?」と取り返しのつかない人生を悔やむ人が目立ちます。

更年期のピークは50代ですが、熟年世代の離婚は終活の一環であると捉え、慎重に行わなくてはいけません。幸せな離婚のポイントは感情に任せて行動しないこと。離婚した場合、慰謝料は幾らくらい貰えるのか、夫婦の共有財産である家を売却したら幾らになるのか、年金は幾ら貰えるのかといったことについて調べておくことが大切。

最終的には夫婦で話し合いをしなければいけないわけですが、険悪な状態では有利に事を運ぶことができません。二人にとって離婚が幸せな決断であるという具合に穏便に持っていくためにも、ヒステリックな感情は手放すべきなのです。このことに限らず、夫婦関係を理性的に捉えることができるかどうかが、逃げの離婚か卒業の離婚かを問う卒業試験にあたります。

どうしても感情的になってしまうというのであれば、弁護士に依頼することをお勧めします。なぜかといえば弁護士は理性的に話を進めることが仕事なのですから。つまりお金で理性を買うのです。

手は尽くしたものの、相手に経済力がないなどの理由から養育費や慰謝料を貰うことができないケースもあります。その場合には執着している時間が無駄。悔しさをバネにして、自分が働いて子どもを育ててみせると気持ちを切り替えることが幸せへの早道と言えるでしょう。

子どもに対して「お父さんはあなたのことを愛していると伝えるためにも養育費を払いたかったんだけどね」と言う方もいますが、取り繕ったところで意味がありません。それよりも「残念ながらお父さんは家庭に対する責任感のない人だったけど、反面教師にしようね」と明るく打ち明け、「でも大丈夫。お母さんが頑張るから」と伝えるほうが得策です。

子どもに真実を伝えることで迷いを断ち切ることができるばかりか、苦難を乗り越え、頑張ろうとする母親の姿を見て、グレていた子どもが更生することもあります。それまでは登校拒否をしていた子どもが母親に心配をかけまいと学校に行くようになったというケースもあります。積極的に家事を手伝うようになる子どももいるでしょう。

なによりも離婚によって経済的に苦しくなり、我慢を強いられることを子ども自身が納得して受け止めることができるようになるのです。

離婚によって子どもにネガティブな感情を植え付ける可能性があると捉える向きがありますが、子どもの自律心を育むための絶好のチャンスであると考えれば、悩むことなどないのです。

家庭内別居は依存心から生まれる発想

子どもの心への影響を考えて、私立に通っている場合には一人親だと不利だからといった理由から家庭内別居という選択をする人もいますが、両親が諍《いさか》いを繰り返す家の中にいることのほうが子どもの心を傷つけるのではないでしょうか。子どもは母親に我慢を強いてまで、その学校に留《とど》まりたいと思っているでしょうか？

子どもを理由に離婚を思いとどまり、家庭内別居を送る人の心を探って浮かび上がる本心は2つ。子どもを楯にして立て籠《こも》っていようという算段か、なんだかんだ言っても結婚生活に未練があるかのいずれかです。子どもの学校問題などが理由の場合には、籍を入れたまま完全に別居するという手もあるのですから。

このことを私は「家庭内別居という名の嫌がらせ」と言っていますが、結局のところ、自分で自分の首を絞めることになります。なぜなら、いくら虚勢を張ったところで根底にあるのは依存心。そもそも離婚の危機を招いてしまったのも依存心ゆえと言えるでしょう。

そのことを認めたくないと心に蓋をしたまま何年、何十年と過ごす人は珍しくないのですが、不平不満を言いながら経済的に、そして精神的に誰かにぶら下がって生きているというのは矛盾しています。幸せになれないのは自分に嘘をついていることに対する因果なのです。同じお墓に入りたくないほど嫌な夫だと思いながら、その一方で夫が死んだらどうしようといった不安を抱えているというのですから、心が疲弊するのも無理はありません。

挙句の果てに家事や子育てを放棄するという手段に出る人もいますが、それではみすみす自分の存在価値を落とすことになりかねません。結婚生活は共同作業。共働きであろうと、専業主婦であろうと、働く妻と主夫というパターンであったとしても、それぞれの家で決めたルールに従い、自分の役割を果たしてこそ平等な立場でいることができるのです。

家庭内別居が成立してしまうというのは、夫婦が共依存の関係にあり、どっちもどっちであるからでしょう。いずれにしても精神的に幼く、感情的になるがあまり夫婦喧嘩が絶えず、家の中で顔を合わせても「おはよう」も言わないということでは、それこそ子どものためになりません。

愛の反対は嫌いではなく、無関心。狭い家の中で小競り合いをしているうちは、互いに相手から尊重されたいという気持ちが強いのです。そのことに気づき、歩み寄る気持ちが芽生えれば、結婚生活は新たな局面を迎えることでしょう。

専業主婦が離婚するなら

ここからは専業主婦として生きてきた女性に向けての話となりますが、離婚をしてひとりで生きていくという選択をするとして、まずしなければいけないのは、具体的に離婚後の生活を想像してみることです。

家を借りるにしても、引っ越しをするにしてもお金が必要です。ひとり暮らしが始まれば、その日から生活費も必要となります。本当に大丈夫でしょうか？

また、働いていない場合には子どもの親権を夫側に取られてしまうといった問題も起こりがち。感情に任せて家を飛び出すのは簡単ですが、それ以前に考えておかなくてはいけないことがたくさんあるのです。

仕事に特化していえば、離婚を切り出すのは1年後と決めて貯金を始める、まずはパートに出てみることから始めるなど社会人としてのリハビリ期間を設けることも必要。仕事に繋がる資格を取得しておくのもいいと思います。

もう一日も一緒にいたくない、先のことは決めていないが我慢の限界だから離婚するという人もいることでしょう。けれど、そうした人がひとりで生きていくことは難しいかもしれません。ひとりで生きていく覚悟ができていないから、ひとりで生きている自分を想像することができないのです。だから見切り発車をしようなどという無謀な発想が生まれてしまうのです。

ひとりで生きていくのは怖くないと息巻いたところで、最低限の生活ができるだけの目途《めど》が立たなければ、自由な生活も絵に描いた餅。専業主婦として過ごしてきた人が社会に出るのは、小川から大海原へ船を漕ぎ出すようなもの。ひとりで生きていくことには大きな覚悟と、現実的には虎視眈々と準備を整える計画性を持たなくてはいけません。

目的を定め、確実に達成するためにはどうすればよいのかを冷静に考えることが必要です。感情で突っ走れば軌道修正するのによけい時間がかかります。なにごとも綿密な計画を練り、客観的な視点を持って臨むことが大切。

計画は途中で見直してもいいのですから、まずは青写真を描き、自分のペースで一歩ずつ確実に歩んでいくこと。それが幸せへの道なのです。感情は幽体レベル、理性は霊体の高いレベル。霊体レベルの高い霊性こそ高次のインスピレーションも授かりよい道に導かれるのです。

第六章

親（家族）との関係

親の介護で結婚できない

結婚しようと思っていた矢先に親が病気になり介護が必要になってしまった。あるいは、熟年世代になって結婚したいと思う相手が現れたのだけれど、親が認知症を患っていることがわかって、同居していた家を出るに出られなくなってしまった。こうした親の問題で悩んでいる人もいることでしょう。

深刻な悩みであることは理解できますが、厳しいことを言えば計画性に欠けているのです。親が老いることはわかっていたことであるはずなのに、この期《ご》に及んでアタフタしたり、どうしようと悩んだり、私は結婚できない運命なのだと不貞腐れたりするというのは、いかがなものでしょうか。

考えていないから、いざという段になって苦悩する。これは因果の法則です。この本を読んでいる若い世代の方は、先々のことまで見越して人生設計を立てることの大切さを心に刻んでください。

さて、そのことをお伝えした上で結論を言えば、自分は親の犠牲になったという気持ちで介護をするくらいなら、施設に入れることを検討するなり、自分が経済的なことを担うという約束のもと、きょうだいに世話を見てもらうなりすべきだと思います。

そんなことができるくらいなら悩まないという人は親御さんへの想いが必要以上に強いのです。おそらく親の面倒を人に任せて結婚生活を始めても、自分だけが幸せになっていいのだろうかと罪悪感を抱き、幸せを享受することはできないのではないでしょうか。

そうであるなら、親の犠牲になるのではなく、自分が後悔しないためだと認識し、親の介護をしようと決める。きちんと気持ちを説明すれば、相手も待ってくれるはずです。入籍や同居をしなくても恋愛関係を続けることはできます。また入籍をした上で週末だけ会う週末婚という形をとることもできます。そうした提案をはね除け、きちんとした結婚生活を送れなければ嫌だという相手とは、残念ながら縁がないのです。

それは結果としてよいことかもしれません。結婚前から自己本位なことを通そうとするような人と結婚してもロクなことにはならないのですから。本当に愛しているのなら、親の介護をするという相手の人生をも受け入れることができるはずなのです。奇《く》しくも親の介護問題がリトマス試験紙の役割を果たしてくれたと受け止め、介護さえなければ結婚できたのにと捉えるのではなく、これでよかったのだとポジティブに受け止めましょう。

一人っ子であるならともかく、きょうだいがいるのにもかかわらず親と同居したり、自分が中心になって親の介護をする人は親との縁が濃いのです。きちんとやり遂げれば気持ちもスッキリとし、因果の法則により必ずいいことが待っています。

とはいえ親の介護をするか、結婚を選ぶか。それは自分の心が決めることです。決めた以上は揺るがず、これでよかったのだと自分に言い聞かせて邁進する。責任主体で生きるというのはそういうことです。

結婚を選んでも「親よりあなたを選んだのに」などと恩に着せれば不幸になります。親を選んでも嫌々世話をするのでは意味がありません。親のためではなく、あくまでも自分を主軸に置いた、自分の幸せを見据えた上での自分の選択であることを忘れてはいけないのです。

加算法で生きれば感謝が生まれる

親の介護に際して、「仕事を辞めて親の介護をすべきでしょうか？」という相談を受けますが、私は親を介護施設に入れることに罪悪感を抱くことはないとお伝えしています。世間の人から冷たい子どもだと言われたくないといった理由から仕事を辞めて介護をしても、先立つものがなければ共倒れになってしまわないとも限りません。そのときに世間の人が助けてくれるでしょうか？

親と子どもの関係性はそれぞれ。経済的なことなど環境もそれぞれです。他人が口出しすべきことではないし、世間体を気にする必要もないのです。そして「お天道様は見ている」のとおり、たましいの世界では、真実は明白です。

私は仕事柄、介護施設へ出向くことがあるのですが、介護されている側の方から、「実際に倒れて体が動かなくなってから一番辛いのは家族の足手まといになっていることだった。家族をイライラさせている原因が自分であるとわかっていたので、施設に入ってホッとした」という話を幾度となく聞いています。

介護する側の家族にしてみれば、24時間態勢での介護は大変ですので、いつも優しくというわけにはいきません。介護される側にしても、赤の他人にならば素直に感謝を伝えられるのに、身内となると「ありがとう」の一言が言いづらいということもあるでしょう。

こうしたことから私は、家族がいても家族が親の介護をすることがベストであるとは考えていません。なまじ家族がいるから「見てくれるのか、見てくれないのか」と気を揉むということもあります。「遠くの親戚より近くの他人」と言いますが、地方に暮らしている子どもは自分の家族のことで手一杯だということもあると思います。

老後が不安なのは誰しも同じ。しかし、家族がいるからといっても家族に期待してはいけないのです。自分のことは自分でなんとかすると割り切り、施設に入るお金を用意して、時が来たら自分で施設を選び、自分の意志でさっさと入所する。それでこそ自分の人生。

家族に限らず、人をあてにして過ごしていると、物事を減点法で捉えることになり、不平不満と愚痴の人生になってしまいます。一方、人に頼るつもりなどなかったのに誰かが寄り添ってくれたなら、感謝の気持ちで満たされることでしょう。加算法によって生まれた「ありがとう」の気持ちを幸せと言います。

親を教育する時代

70歳以上の人の中には、老人施設に入ることを「親を捨てる気か」と捉える人も多いのが現状。意志薄弱な主体性欠如世代の子どもたちは、親の意志に沿わなくてはいけないと刷り込まれているため、無理をしてでも自宅で介護しなければと考える傾向にあります。

おそらく今後は、老人施設＝姥捨《うばす》て山という感覚は消えていき、むしろ老後は施設で過ごしたほうがいいと理性的に考える人が主流になっていくでしょう。つまり今は過渡期。その意味で40代、50代は、親の介護に追われる最後の世代と言えるかもしれません。

親を大切にするのはいいことです。けれど大切にすることと、言いなりになって甘やかすことは違います。本人のことを思うのであれば、自分のことは極力自分でやるよう親を教育していく必要があるのではないかと私は思うのです。

たとえば「メガネがないから探してほしい」と言われても「自分で探してください」と伝える。「病院へ薬を取りに行ってほしい」と頼まれても「自分で取りに行ってください」とはね除ける。体に不具合があるなら別ですが、元気なうちはできることは自分でと指導することで自主性が芽生え、認知症の予防にも繋がります。

面倒くさいからというネガティブな動機で親に厳しく接するとしたら容赦なしになる可能性がありますが、自律を促すことは親の尊厳を守ることだという動機であればさじ加減を間違えることはないはず。

もしかしたら「うちの子は冷たい」と言われてしまうかもしれません。しかしどんな誤解があっても、あの世に行けば故人のたましいは真心を理解し、「あんなことを言ってごめんなさい」ということになります。

たとえ誤解を受けても、自分にやましい点がないのなら堂々としているというのが自律の姿なのです。

親の死をどう受け止めるか

これまでのところで繰り返しお伝えしてきたように、物事を感情で捉えていると心の目が曇って足元を見ることも将来を見通すこともできません。ところが日本人の多くが、感情で物事を捉えることが優しいこと、理性で物事を捉えるのは冷たいことと考えているのです。

そのひとつのあらわれとして、大切なことを先に話し合っておかないということがあります。たとえば家族が余命宣告を受けたとしましょう。そのときに家族の誰かが葬儀はどうするかといったことを口にしたとしたら、あなたはどう思いますか？

もしも、「まだ死んでもいないのに酷い！」などと憤りを覚えたとしたら、それは家族の死を感情で捉えています。大切なのは、本人がどうしてほしいと思っているか。本人の意志を尊重するために真実を知らせるべきか否かについて家族で話し合うことが大切なのに、「縁起でもない！」などとはね除けてしまっては、話し合いが遅々として進みません。その結果、いざという段になって、どうしたらいいのだろう？と困惑してしまうことになるのです。

人の死後、遺族はさまざまな選択を余儀なくされます。お墓をどうするか、遺品をどうするか、住んでいた家をどうするか、ペットをどうするか……。親戚の中には「本当に故人はそんなことを望んでいるかしら？」などとよけいな口出しをする人がいるものですが、そのときに「ええ。本人の意志ですから」と答えられるかどうか。ここはとても大切なところなのです。

私は「夢に出てくる亡き母は泣いています。母の死後、兄は強引に後始末をしてしまいましたが、母は悔しい思いをしているのではないかと思うのですが」といった遺族からの相談を山ほど受けてきました。そのことが原因でうつになる人もいます。一生の心の傷となってしまうこともあるのです。

元気なうちから、病気になったらどうするか、死んだらどうしてほしいのかといったことについて話し合っておきましょう。

家族を見送ったあなたは、以前にも増して、自分のときはどうなるのかなと考えることでしょう。自分のときにはどうしてほしいのか、どういう形で意志を残せばいいのか……。真剣に考えることのきっかけを与えてくれた、それは故人からの最後のプレゼントなのです。

人には転ぶ権利がある

私たちはたましいを成長させるために生まれてきました。成長するためには、必ず失敗がなければなりません。失敗して泣き、怒り、哀しみ、乗り越えて喜ぶ。喜怒哀楽のすべてが感動と経験につながり、それによってたましいが磨かれていきます。

そうである以上、別の言い方をすれば、人生に失敗はないとも言えます。失恋も人間関係のトラブルもリストラの憂き目も経済苦も、たましいを磨くための磨き砂。泣きたければ泣けばいい。喜ぶことがなければ人を喜ばすことはできません。怒ることがあって初めて人を怒らせないようになる。そういった感情一つひとつを知っていくためには、つつがない人生であってはならないのです。

このことを、スピリチュアリズムでは人は経験と感動によりたましい（人格）を成長させるために転ぶ権利があると捉えています。

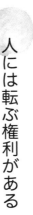

ですから親が子どもに転ばぬ先の杖を渡すことは人生の権利を奪うことであり、残酷で傲慢なのです。昨今では、大学の学食で子どもの食事の栄養価を報告してほしいと学校側に申し立てをしたり、子どもの就職試験や入社式に同行するといったヘリコプターペアレント（子どもの頭上をヘリコプターのように旋回する過干渉な親）と化した親が多いようですが、過保護な親は自分の子どもの自律、ひいては生命力までも奪っていることに気づかなければいけません。

誰にでも転ぶ権利がある。よく「母の人生は苦労の連続だった」などと故人に憐れみを感じる人がいますが、たましいの視点から考察すればそれこそが生ききった証《あかし》であり、豊かな人生なのです。

現世での死を迎えても、たましいは続きます。「理想の最期」を迎えたい、というのは、「転ばぬように、最後まで上手く生きて終わりたい」という考え方だと思いますが、スピリチュアル的視点で言えば、死は終わりではないのです。

死は誰にでも平等に訪れます。しかも死後には苦痛はありません。

死後、たましいとなって行きつくところは自分の心象風景。生前は病気に苦しみ、体中が痛いと訴えていた人であっても、あの世へ行けば苦しみから解放されます。

このことから私は、永遠地獄はない、現世で苦しいことがあっても永遠に続く苦しみはないと説いていています。

人は生きたように死んでいきます。現世の視点でいい人生だったとか、寂しい人生だったなどと判断を下してはいけないのです。さらに言えば、すべての解決はこの世にはないということ。現世という一幕だけを見ても、たましいにとっては意味はありません。たましいのドラマは生と死を繰り返しながら、第二幕、第三幕と永遠に続いていくのです。

きょうだいは他人と同じ

いかに仲のいいきょうだいであろうと、きょうだいは友だちと同じように親しい他人だと思っていなければいけません。

きょうだいに家庭がある場合には、自分の家族のことで手一杯。何かするごとに配偶者の意見も反映されるため、関係性は複雑化していきます。かつて私が個人カウンセリングを行っていたときにも、「親の財産を巡るきょうだい間の骨肉の争い」は定番メニューのひとつでした。

たとえば親の介護をしたのは同居していたひとり身の妹だったとして、親の死後も、実家は妹が住み続けるという話が兄との間で成立していたとします。

ところがいざ相続についてどうするかという段になって、兄が半分の権利を主張し、そのためには実家を売却しなければいけないと言い出した。

こうしたトラブルの場合、霊視をしてみると兄の背後で糸を引く義姉の存在がはっきりと視《み》えるといったことが多いのです。兄としては親の介護をしてくれた独身の妹に家を譲りたいという気持ちが強いのですが、「法的に権利があるのだから」「子どもにまだまだお金がかかるのだから」「家のローンが残っているのだから」と妻から言われ、妹と妻の板挟みになって困惑しているといった状態。

妻に「これはきょうだい間の問題だから」と言えない優柔不断な兄が悪いのですが、口約束で済ませていた妹にも責任があります。実務的に捉え、専門家である司法書士などの力を借りて、公的に有効な文書を作っておくべきでした。

どんなに仲のいい相手でも、肝心なところが「なあなあ」になってしまうと、あとでトラブルへと発展します。きょうだいなのだからという期待、実家への執着、遺産への依存心といった感情を手放し、理性的に物事を捉えることが揉めないためのポイントなのです。

「きょうだいなのに」は甘え

遺産のために親の介護を引き受けたといった下心がある場合には、話が思うように進まないのは打算による因果だと言えるでしょう。

相談者の中には「親から遺産が入ることを見込んで、家のローンを組んだのに」などと訴える人もいました。けれど「これくらいは貰えるはずだ」と、当てにして生きること自体間違った考えです。

遺産問題に端を発し、さまざまな心情も相まって問題はこじれにこじれるというのがきょうだい間の争い事の特徴ですが、中でも多いのが「自分はきょうだいに比べて親に愛されていなかった」という僻《ひが》みの感情。

たとえば「兄は大学に行かせてもらったが、私は行かせてもらえなかった」「姉は親掛かりで盛大な結婚披露宴をしたけれど、私は結婚式そのものを挙げなかった」「弟は結婚したときにマンションの頭金を出してもらったが、私は何もしてもらっていない」といった具合。

いずれの場合も自己中心的な主張であると言えます。なぜなら親のお金を親がどう使おうと勝手なのですから。

「親の遺産相続を巡る骨肉の争い」という悩みを抱える人は大きく2つのタイプに分かれます。「どうしたらきょうだいと和解できるでしょうか?」という人と、「どうしたら親の財産を手に入れることができるでしょうか?」という人。

後者である場合には、仲がよかったのは表面的に取り繕っていただけ。厳しいことを言うようですが、きょうだいの絆より親の財産を優先する人は、家族という学び舎の中で、きちんと大我の愛を育んでこなかったと言えるのです。

その責任は親にあります。なまじ遺産があるから揉めてしまうのだというのがひとつ。もうひとつには「介護してくれたらこの家はあなたにあげる」などと持ちかけることで、親のお金を当てにするような「依存」を子どもに植え付けてしまったことです。

本来、親が子どもに教えるべきは、見返りのない愛です。大我な愛を与えていれば、子どもは必ずその気持ちを受け取ります。それこそが親が子どもに残すべき財産だと言えるでしょう。

その上で、元気なうちに家を売却して人生を豊かに過ごすために使う、あるいは施設に入り、「介護をしてもらうつもりはないけれど、財産を残すつもりもない」と伝えること。子どもに残す場合にも法的に通用する遺言書を残すなどしておけば揉めることはないのです。

いずれにしても、親の遺産を巡るきょうだい間の争いを避けるためには、そもそも最初から期待をしないこと。それに尽きます。

遺産をすべて放棄すべきだと言うのではありません。大切なのは、自然の流れに任せること。故人のたましいは何を望んでいるのだろう？　という視点で物事を見つめれば、自ずと自分のとるべき行動が見えてくるはずです。

法律に基づいて事務処理をした結果として入る財産であれば、それは親の気持ちだと理解して受け取ればよいのです。

お金は流れるべきところへ流れます。流れに逆らって無理矢理手に入れることができたとしても、決してよい結果を招きません。

金銭問題に限らず何かが起こったとき、「きょうだいなのに」という甘えは一切通用しない。むしろ、甘える気持ちが問題を悪化させてしまうことを忘れてはいけないのです。

血縁関係より老人施設

「自分には子どもはいないけれど、可愛がっている甥や姪がいるから老後も安心なんです」などと言う人に会うたびに、私は「それというのは、老後の面倒を見てもらうために、甥や姪を可愛がっていたということですか？」と深読みしてしまいます。

学校の入学金を払った、海外旅行へ連れて行った、成人式の着物をプレゼントしたなど、それであたかも老後の安心を得たようなつもりでいる人も目立ちますが、それはまったく勝手な思い込みです。

私なら、甥や姪に使うお金を貯金しておき、施設に入るためのお金に回します。身内しか信じないなどという人もいますが、その発想自体が感情的。同じお金を払うのであれば、介護の専門家に払ったほうがよいのです。専門業者はそれが仕事なのですから。

たとえば、行政と連携しているケアホームもあります。身寄りのない人も死んだあとは火葬場で骨にして、お葬式もしてくれる。指定しておけば両親の眠るお墓にも入れてくれます。無縁仏のための墓地もあります。備えあれば憂いなし。心配しなくてもきちんと準備さえしておけば、死んだまま放置されることはないのです。

けれどスピリチュアリズムの観点からは、本当は死んだあとの現世のことはどうでもいいのです。骨は骨に過ぎません。ハワイの海に散骨しようと、セーヌ川に撒こうと、たましいの浄化にはまったく無関係。

「可愛がっている甥や姪がいるから老後も安心」というのは、結局のところお金で甥や姪の心を釣って見返りを期待しているということで、お金がなくなれば見捨てられてしまいます。それは、自分のことは自分でと自律せず、血縁関係に依存した結果。「あそこまでしてやったのに」と恨みをつのらせ、未浄化霊となって彷徨うことになってしまいます。

そもそも見返りをあてにせず、愛をもって接した結果、甥や姪が自主的に老後の世話をしようと思ってくれるのなら、ありがたく受ければいいでしょう。

第七章

現実的な不安を
どう手放すか

一「もう遅い」と諦める人へ

「どうせ私なんて」は怠惰のあらわれ

人生には諦めが大事だという言い方もありますが、諦めと見極めは違います。
たとえば友だちとの集いで撮った写真を見て、張り切って若作りをしている自分に気づき、「嫌だな。無理な若作りは見苦しいな」と思ったとしましょう。これは若さに対する諦めではなく、素敵に生きるための見極め。

植物にしても枯れない花は不気味です。紅葉を見て美しいとする人の心には、枯れる美学が備わっているのです。同様に「無理な若作りは見苦しい」と悟ることは本来の自分を受け入れること。若作りと若々しさは違うのだと見極めたからこそ、今後は年齢相応な印象を心掛けようと決意することができるのです。

では諦めとはなんでしょう。写真の中のパッとしない自分を見て、「どうせ私はオバサンなんだから」と不貞腐れ、だらしのない服を着る生活に突入してしまうこと。問題を棚に上げて開き直るだけで、解決に向けての努力を怠れば、現状で抱えている不満を一生背負って生きていかなくてはいけないのです。

「諦め」は、孤高に生きる上で大きな妨げとなってしまいます。「どうせ私はひとりだ」「もう私はひとりで生きていくしかないのだ」などと卑下し、妥協で生きる人生は孤高にはなり得ません。

まずは行動し、たとえ思うように人生が運ばなかったとしても、そこで現実を受け入れて見極め、納得した上で生きること。そうすれば「私の人生はこんなはずではなかったのに」などともがくこともなくなるのです。なによりも楽に生きることができるようになるでしょう。

人生は自分でコーディネートできるのです。

どんな人の人生も素敵です。自分だけのオリジナルな人生を愛してください。そうすれば、たましいは喜び、幸せを運び込んでくれるのです。

感情にふりまわされないために

スピリチュアル的な視点では、病気もひとつのカリキュラム。人間を司っているのは肉体、幽体、霊体という3つの要素。幽体は感情、霊体は理性です。

では肉体と幽体と霊体がどんな具合に連動して私たちは生きているのでしょうか。過労や不摂生が原因で病気になるケースがあります。これは肉体的な問題ですが、そもそも過労や不摂生は、感情やトラウマ、思いと密接な関係にあるのです。

肉体、幽体、霊体は連鎖しています。トラウマや思い癖が作り出すストレスが病気を生み、病気が更なるストレスを生む。

病気だけではなく、物事を捉えるときにはすべて、この3つの存在を認識し、意識していなければいけません。

最近、メディテーション（瞑想）に注目が集まり、雑誌などでも取り上げられていますが、なぜメディテーションが必要なのかご存じですか？

「心を鎮めるため」といった答えが聞こえてきそうですが、それだけではありません。

人は日常生活の中で幽体（感情）が主で霊体（理性）が従となって生きています。たとえば暑いとイライラする、疲れているとキレやすくなるといった具合に、私たちは肉体を持っているがために感情に左右されてしまうのです。理性を主として生きるためには、霊体を主に幽体を従に据えなくてはいけません。そこで幽体を抑え、霊体を優位にするためにメディテーションを行うのです。幽体と霊体の主従関係を逆転させることによって、じっくりと自分と向き合うことができ、更にインスピレーションを得やすくなります。

私が以前からお伝えしている方法に、オーラ・メディテーションがあります。

まず、椅子に座って、気持ちを整えます。

次に、息を鼻から吸って口から吐きます。できるだけゆっくりと吐いてください。そのとき、自分の周囲に卵の殻のようにオーラがしっかり固まるイメージを持ちます。

1回目は自分の前後に。2回目は左右に。3回目はその全体が強化されて、自分を守ってくれるイメージを持ちます。

この殻に守られながら、ゆっくり自分と向き合いましょう。

そして、その殻でバリアを作り、ネガティブをはね返すのです。

病気になっても自律はできる

病気になると、体がだるい、痛いなどの症状が出てきます。これは肉体の問題です。ところが次に「なんで私がこんな目に遭わなくてはいけないのか」と感情的になってしまいがちです。この感情に囚われると更に免疫力を落とし、悪化させてしまうこともあります。

一方、理性で乗り越えれば、現実を受け入れ、痛みがあるなら薬を飲む、悪い箇所があるなら手術して取り除けばいい、治療が必要ならば治療をし、末期ならば痛みや苦しみを和らげる緩和ケアという結論にたどり着くことができます。

病気になれば誰でもショックを受けますが、しかし、治すためによけいな感情は必要ありません。クヨクヨし、グチグチとこぼしてしまうのは、他者に対する甘え、依存があるからです。

ここに孤高に生きる意味があります。たとえ家族であっても他者に甘えないと決めている孤高な人は、よけいな感情を抱くことがない分、治療すればよいのだとスッキりと結論に到達することができるのです。

具体的なことを言えば、病気で入院するときに備えて生命保険に入っておくことも大切だと思います。ひとりで生きていく場合には死亡保険ではなく、入院した場合に備えるのがよいでしょう。

病気になったときにお金の心配をしなければならないのは辛いこと。入院給付金、手術特約、通院特約が出る保険を選ぶとよいと思います。使うことがないまま満期を迎えたとしても、入っていれば心丈夫でいることができます。自分のことは自分で。そのために働いているのだと考えましょう。

また病気で働くことができないという人は、保健医療についてのさまざまな支援や制度について勉強してください。厚生労働省のホームページには、障害がある人たちが働くための支援、入居支援、生活介護、行動援護、医療費への助成、税金の控除、手当や年金、給付金などが紹介されています。なぜか本当に国の助けが必要なまじめな人に限って遠慮してしまう傾向があるのですが、堂々と国の世話になればよいのです。

たとえ体が動かなくても、自分のことを自分で考え、周囲の人の力を借りて手続きをするなどして実践する人は立派に自律していると言えます。病気で働けない人であっても孤高に生きることはできるのです。

二　経済的に自立するために

なんにでも「お代」が必要

お金の使い方にしても、行動に影響を与えるのは感情です。ひとりで生きていくのだと考えると、ガッチリ貯《た》め込んでおかなくてはと思いがちですが、ひとりで生きていくためには何をどうすればいいのか理性的に考えれば「生きたお金の使い方」にたどり着きます。

前述した「腹六分」という理想的な距離感を保つためには「なんにでもお代が必要」だと捉えることが大切だとお伝えしました。

お金に限らず「ありがとう」という言葉も「お代」。べったりとした関係でなくても、してもらったことに対する感謝の気持ちをきちんと伝えることさえ怠らなければ、疎遠になることはありません。

誰かにご馳走になったとしましょう。帰ったらすぐに「今日はありがとうございました」と手紙やメールで伝えるというのは、ご馳走になった側の礼儀です。上司が部下にご馳走する場合などは、ご馳走した側は見返りなど当てにしていないと思います。欲しいのは感謝の気持ちだけ。ところが感謝していても表現しなければ相手には伝わりません。すると上司は「奢《おご》られてあたりまえだと思っているのではないか」と捉えてしまうことでしょう。

だからといって咎められることはないかもしれません。けれどガッカリします。ご馳走してもらった上に相手をガッカリさせてしまうというのは、理に適《かな》っていないと思いませんか？　それでは可愛い部下のリストから外されても文句は言えません。

人は打てば響く人には、もっと何かをしてあげたいと思うもの。ひとりで生きていても寂しくない人、心細くない人は、こうした自分に目を掛けてくれる人、応援してくれる人を大切にしているのです。

お金にはエネルギーがある

人の縁を繋ぐためには「お代」が必要と考えたとき、お金というのは素晴らしい道具です。

これは女性に多く見られる傾向ですが、お世話になった人に対してお金を包むと、「水臭いこと言わないの」などと言って拒んだり、押し付けたりしている姿をよく見かけます。けれどこの場合のお金は心。感謝の気持ちを形で現したということであると同時に、貸し借りを作らず対等な関係を保つための策でもあります。

ですからお世話になったにもかかわらず、このお礼を欠くと、因果の法則（正負の法則）のエナジーバランスが崩れます。お世話をしてあげた側とお世話をしてもらった側という上下関係ができてしまい、それこそ水臭い関係になってしまうのです。

「タダより高いものはない」と言いますが、何かをしてもらったのにお礼をせずに済んだなどと得をした気分になっていると、人の縁という大きな財産を損なうことになりかねません。

友だちの家が火事で焼けてしまったことを人づてに聞いたとしましょう。そのときに、最近ではあまり交流もなかったしなどと考え、聞かなかったことにしてお見舞金をケチったとします。すると、家の鍵を紛失して新たに作らなければならなくなるなど、思わぬ出費に見舞われるというのはよくある話です。

逆に気持ちよくお見舞金を包めば、そこから再び交流が始まり、人脈が広がって仕事にもよい影響を及ぼすといった幸運が巡ってくることでしょう。

「金は天下の回りもの」という言葉のとおり、お金は流れるもの。流していなければいけないのです。なぜならお金にはエネルギーが籠っているから。お金を貯め込むことはエネルギーが停滞することを意味します。

もちろん病気になったときや老後に備え、ある程度のお金は計画的に貯めておく必要がありますが、出すべきときは気持ちよく出すというのがお金に困らずに生きるための法則です。

お金を通して人は自律した生き方を手に入れる

自分のために使ったお金は返ってこない。人のために使ったお金は返ってくる。これはお金における真理です。

欲しいものを買うのも心を喜ばせるという感動に繋がる経験ですので、悪いことではありません。けれど物は所詮、物に過ぎないという価値観を持ち合わせていないと、心が満ち足りていないから物を買うという買い物依存に陥ってしまわないとも限りません。

物欲をある程度満たしたら、思い出づくりに投資することをお勧めします。たとえば親孝行。余裕のあるお金があったとして、それで物を買ってもワクワクするのは何にしようかと悩んでいるときまでで、手に入れてしまった途端にテンションが下がってしまったということが誰にでもあると思います。

けれど余裕のあるお金で両親を温泉に連れていってあげたとしたら、それはかけがえのない思い出になります。人は素晴らしい思い出があれば生きていけるもの。両親亡きあとも一緒に過ごした楽しい時間を思えば寂しくはないのです。両親が自分を守ってくれていると思うことができれば、ひとりになっても強く生きていくことができることでしょう。

一度きりの人生を豊かなものにするためには、優先順位を意識して生きることが欠かせません。なぜなら人生には今でなくてはできないことがあるからです。

その最たるものが親孝行。「親孝行したいときには親はなし」という言葉は、親孝行したいと思った年齢になったときには、すでに親が他界しているという意味。失って初めて親のありがたみがわかるという教訓が込められています。

けれど日本人の平均寿命が格段に延びた現代では、行動力さえあればいくらでも親孝行をするチャンスがあるのです。それなのにしない。物事を「いつか」「そのうち」と先送りにしている人は怠惰な証拠。時間を有効に使うことのできない人は、お金の使い方もルーズ。自分の人生に満足していない人は、ほとんどが怠惰な心の持ち主であると言えるのです。

限られたお金をどう活かして生きるか。真剣に考えなければいけないことなだけに、お金を通して人は自律した生き方ができるようになります。

さて、あなたは生きたお金の使い方をしていると言えるでしょうか？

「正負の法則」ではなく「負正の法則」を心掛けて生きる

いいことがあれば、必ず悪いことが起きる。このことを美輪明宏さんは「正負の法則」とおっしゃっています。まったくそのとおりで異論はありませんが、正が先に来ているからでしょうか、多くの人が「正負の法則というのは、宝くじが当たれば、運を大きく落とすということですか？」と心配します。もちろん宝くじが当たったら、何パーセントかは寄付するなど社会に還元することが大切です。

さらに言えば「正負の法則」は「負正の法則」でもあるのです。先に負を払えば正がやってくると知れば、よけいな心配をする必要はなくなります。この場合の負とは努力のこと。お金はあとからついてくると言いますが、懸命に働いたという努力が実ってお金が入ってくるというのが正しいありようです。

旅行代をあとからローンで返済するのでは存分に楽しむことができません。旅行に行くという目的を持ってお金を貯めてからする旅行は、まさに働いたことのご褒美。命の洗濯となり得るのです。

悪銭身につかずで、狡《ずる》いことをして儲けても、つまらないことに消えてしまいます。また、タナボタ式に入ったお金は泡銭《あぶくぜに》といって、泡のように消えてしまいます。そればかりか周囲の人から借金を頼まれ、断ったら気まずくなったというようなことが起こりがちです。泡銭は周囲の人に振る舞うなどしてパッと使ってしまわなければ、「どうせ楽をして得たお金なんだろう。だったら頂戴《ちょうだい》よ」という低いたましいが寄ってきてしまうのです。

一方、努力をして得たお金なら、きちんと身につきますし、人から簡単に「頂戴よ」と狙われることもありません。

ひとりで生きていくためには計画性を持ってお金を使わないといけないというのは確かなことですが、浪費の対極にあるのは清貧ではないということも覚えておくとよいでしょう。

お金にはエネルギーがあります。食べていけるだけのお金があればよいと考えるのは、慎ましいのではなく傲慢なのだと言えます。自分が食べる分以上に働いて、寄付をしよう、親孝行をしよう、周囲の人に振る舞おうという気持ちが大切。繰り返しになりますが、老後のお金のことが不安なら、元気なうちに懸命に働き、人のために使うお金を惜しまない。このことを心掛けて生きれば、お金は巡り続けます。

とも暮らしという生き方

孤高に生きるというのは人に依存せずに生きることです。そうである以上、老後のお金を用意しておく必要があります。

80歳まで生きたとして、定年退職後に家を持っている人が必要とするお金は６０００万円とする説もあるようです。６０００万円と聞くとギョッとしますが、60歳からの20年間で割れば年間３００万円、月に換算すれば25万円。食費、光熱費、交通費、通信費、医療保険代、固定資産税などの税金、冠婚葬祭などの交際費を考えると６０００万円は、あながち大袈裟な金額とは言えないのです。

家賃が必要だということになると、更に必要なお金は増えます。しかも年金制度が破綻するかもしれず、国は当てにはできません。

現役で働いているときにワンルームマンションでもいいから持っておけば、老後に自分が暮らすこともできるし、貸すこともできるという話はすでにお伝えしたとおりです。衣食住の中でもっとも真剣に考えておかなければいけないのは、住まいについてだと私は思うのです。

洋服は最低限のものがあれば事足りてしまいます。たくさん持っているけれど、実は同じ服をヘビーローテーションしているという人も多いのではないでしょうか。

また食べるものがなくても、コミュニケーション力があればなんとかなります。私も若い頃に厚かましいことを承知の上で、思い切って食費がないと周囲の人に打ち明け、食い繋いでいた時期がありました。人は食べることに関しては比較的鷹揚に手を差し伸べてくれるものです。

けれど住まいを提供するとなると話は別。好きな異性でもない限り、同居しようという発想には至らないものです。仮にそうした人が現れたとしても無期限でというわけにはいきません。そこまで他人に依存することは許されないと考えるべきですし、第一、肩身の狭い思いをしながら暮らすのには限界があります。

そこで私が提案するのはとも（友・伴・共）暮らしです。孤高に生きるというと、ひとりでポツンと生きていくことを思い浮かべてしまいがちですが、そんなことはありません。孤高に生きる他人同士が疑似家族として暮らせば、食費や光熱費などをシェアすることができます。

実際、私の知り合いに「NAGAYA TOWER」と称する賃貸住宅を作った人がいます。コンセプトは「微笑みを交わす人がいれば、人生は幸せ」。プライバシーを保ちつつ、協力体制で暮らすことを目的としています。

建物内には発達障害の子どものための通所施設と、保護者の養育が難しい子どもを家庭内で預かる小規模児童養護施設（ファミリーホーム）があるほか、みんなのリビングなどの共有スペースで住人が交流するためのイベントが企画されています。お年寄りが子どもの面倒を見る、若い人が老人のゴミ出しや掃除の手伝いをするといった具合に助け合うことを目指しています。

1階にあるコンビニやカフェ、レストランといった飲食店で働きたければ入居者が優先的に働くことができるといった特典もあります。NAGAYA TOWERの大家の本職は隣接のホスピス機能を兼ねた有床診療所院長で、診療所で研修を希望する人には部屋を安く貸し出すといった制度もあるようです。

今後はこうした共同生活の場が増える傾向にあると思いますが、その場合でも大切なのは各々が孤高に生きていることなのです。やってもらうことはやってもらうが、自分は何もしたくないなどという自堕落な人、依存心の強い人が入れば、トラブルを招くことは目に見えています。

どんな環境に身を置くにせよ、孤高に生きることがますます大切な時代になる。これは私が本書を読むあなたに贈る未来の予言です。衣食住、そして医について、一つひとつ検証し、対策を講じることによって不安は確実に消えていきます。自分がしっかりとしてさえいれば、恐れることなど何もないのです。

第八章

孤高は素晴らしい

一　幸せな孤高の死

ひとりで死ぬ「満足死」もある

核家族化し、超高齢社会となった日本では孤独死が大きな問題となっています。2010年にはNHKで「無縁社会―無縁死3万2千人の衝撃」という企画が組まれ、大きな反響を呼びました。

確かに孤独死したまま発見されず、腐敗した自分を想像するのは気持ちのいいものではありません。怖いと思う気持ちも理解することができます。けれど**スピリチュアル的に考察すれば、孤独死であろうとたましいの行方には無関係。寿命を終えたということに変わりはないのです。**

結婚して子どもを作らなければ孤独死をすることになるという図式を描く人もいま

すが、家族と暮らしていても、たまたま家族が留守だったということから看取られることなく亡くなる人もいます。

そもそも私はひとりで死ぬことを「孤独死」とすることに疑問を覚えます。誰もがひとりで死んでいくのだと達観している人、ひとりで死ぬことを望んでいる人にとっては覚悟の上での孤高の死、つまり「満足死」であると言えるのです。

孤高で生きる上では、ひとり暮らしも複数で暮らすのも同じこと。自分の心の中にある生きる姿勢によって、誰かに依存している人は常にひとりでいることに、寂しい、不安だという孤独感を抱いてしまいます。

孤高で生きるということが、自分も周囲の人たちも誰もが幸せになる法則であるということを理解していただきたいのです。

それにはスピリチュアリズムを学ぶことが大切。たましいは永遠であり、骨はただのカルシウムでしかないという真理を知れば、お墓にこだわり血縁関係に執着することはなくなります。「夫と同じ墓に入りたくない」などと悩むことも、「産みの親の墓に入るか、育ての親の墓に入るか」などと迷うことにも意味がないと悟ることもできるでしょう。

死後の世界を知ることは、現世をどう歩むかという地図を手に入れたのと同じことなのです。

安心には「お代」が必要

孤高に生きるためには、なんにでも「お代」が必要だと考えることが大切であると前述しました。「お代」を払うという発想は、ひとりで生きていくことの不安を確実に手放すことにも繋がります。

現実的に考えれば、ひとりで生きていて病気を患ったり、死んでしまうことだってあるでしょう。そのときに、それまでどれだけ「お代」を払ってきたかが物を言うのです。

公正証書遺言（公証役場で作る遺言）の証人を司法書士に依頼する、死後の部屋を整理する、パソコンのデータを消去する業者と契約を交わす、ペットを飼っている場合には自分の死後に引き取ってくれる人を探しておくなど、死に支度を整えておけば不安を手放すことができます。こうしたことにも「お代」が必要。

なんでもお金で割り切るなんて寂しいと感じる人は、依存心の塊。昔の人は、おすそ分けといって隣から器に入れて何かを貰ったら、空で返すことはしませんでした。昔から続いている習慣に、お祝いの半返しというのもあります。こうしたことは人間関係を保つための儀礼。お代を払うことは礼節であると心得、節度のある暮らし方をしていれば、路頭に迷うことはありません。

本当に幸せな「終活」とは

思うような最期を迎えたいと思うのであれば、エンディングノートを書いておくことです。講演や書籍を通して幾度もお伝えしているにもかかわらず、エンディングノートを書いていない人が多いのはなぜなのでしょう?

ひとつには、自分はまだ若いからというものがありますが、人はいつ死ぬかわかりません。エンディングノートは老い支度ではないのです。若くても葬儀はどうしたいのか、誰に知らせてほしいのか、形見分けをどうするかなど、自分の意志をきちんと明確にしておかなければ、不本意なことになってしまわないとも限りません。

もうひとつに、死後のことはどうでもいいと捉えている人もいます。一見すると執着を残さないカッコイイ考え方のようですが、その実、自分勝手なのです。エンディングノートを残していなければ、困るのは遺族なのですから。通帳と印鑑はどこにあるのか、生命保険に入っているのか、株などを所有しているのかといったことがわからないというだけではありません。

かつての相談者の中には、息子は家族とは違う宗教を信仰していたが、どのように葬られることを望んでいたのかわからなかった。そのため家族の宗教に従って葬儀を行ったが、翌日からポルターガイスト現象に見舞われるようになった。これは何かを報《しら》せたいとする息子からのサインではないかと思えてならない、と思い煩っている人もいました。

この場合の私の答えは、「エンディングノートを残さなかったのは故人の生きざまですから、親御さんが気に病むことではありません」というもの。仏前で「もう気にするのはやめました」とハッキリと伝えれば、故人のたましいも納得するはずなのです。

それにしても最愛の息子を亡くした哀しみに加え、これほどまでに親御さんを苦しめるというのは大変な親不孝です。こうしたことからエンディングノートは遺族への愛だと言えるでしょう。

エンディングノートだなんて縁起でもないと考えるのは間違い。そうした人は「死」を穢《けが》れと捉えているのです。けれど死は現世を卒業し、あの世へお里帰りすることを意味します。誰にでも必ず死は訪れるのに、現実逃避するというのはいかがなものでしょうか。

死について考えることは、今をどう生きるのかを考えること。そこで私は毎年、元旦に家族で自分のエンディングノートを書き換えることを提案しています。小さな子どもであってもいつ死ぬかはわからないのです。みんなで書けばお年寄りを不愉快な気分にさせることもないでしょう。

天涯孤独の人は誰にエンディングノートを残せばよいか

天涯孤独の私は誰にエンディングノートを残せばよいのでしょうか？　と聞かれることがあります。

親戚縁者がひとりもいないというケースであっても誰かの世話にはなります。病院や施設のスタッフかもしれませんし、役所の人かもしれません。しかし、そうした人は故人が生前にはどんな性格でどんな価値観を持っていたのか知らないことがほとんどです。

余命宣告をされた場合には告知してほしいのか、してほしくないのか、延命措置はするのか、しないのか、脳死の場合に臓器提供するのか、しないのか。もちろん死後のことはどうしてほしいのかに至るまで、あなたの意思がわからない場合に、残された人はどうしたらいいのでしょう？

家族があろうと、天涯孤独であろうと、エンディングノートを残しましょう。ひとり身であるならば、「このエンディングノートに沿ってあとのことはお願いします」

と一筆書き、お礼のお金をそえて部屋のわかりやすい場所に置いておくことも必要でしょう。それは人としての最後の責任を果たすことなのです。

配偶者との死別をどう捉えるか

少し前のことになりますが、雑誌で連載していたお悩み相談のコーナーに、63歳の男性から「妻に先立たれ、生きる気力が湧きません」といった内容の手紙が寄せられました。

《昨年の暮れに、35年間共に暮らした妻が末期がんで他界しました。体調を崩し病院へ行ったときにはすでに手遅れで、余命2か月と宣告され、なす術《すべ》もないままに、あっけなくこの世を去ってしまったのです。その後、私は何もする気になれません。これまで身の回りのことは、すべて妻任せでしたので、食事の支度も、洗濯も掃除も近所づき合いもできず、妻に対して威張りくさっていた自分が今更ながら恥ずかしく、妻の偉大さを痛感している次第。私はこれからの人生をどのように過ごせばよいので

しょうか?》

あなたはこの相談内容を読んでどう思いますか?

私がまず思ったのは、「亡くなられた奥様が気の毒だな」ということでした。故人が望んでいるのは、遺された夫がしっかりと生きていくことに違いありません。ガックリと肩を落とす夫の姿を見せられては、この世に執着が残ってしまいます。

この相談者に限らず、家族の死を哀しみ、仏前に向かって「私はこれからどうしたらいいの?」と話しかけてしまう人はたくさんいます。辛い試練ではありますが、**供養とは故人のたましいが速やかに浄化できるよう祈ること。「私は大丈夫だから、心配しないで浄化してください」と声を掛けることが本当の供養なのです。**

しかも、よくよく読んでみれば、相談者の苦しみは妻がいなくなった寂しさではなく、これから先の自分の生活についての心配から来るもの。非常に小我です。慰めてほしい、誰かに手を差し伸べてほしいという依存心に囚われ、新たな自分に生まれ変わろうという意志がまったく感じられません。

特に団塊世代の男性は、夫は外で仕事をし、妻が家庭を守るという固定観念を持っているためか、妻に対して傲慢に振る舞ってきた人が多いようです。その半面、精神的に脆いところもある。威張れる相手である妻に、実は依存して生きている。これでは経済的に自立していても精神的に自律しているとは言えません。

中には「妻に先立たれるとは思ってもいなかった」などと言う人もいますが、いかに年下の妻であっても、自分のほうが先に逝くに違いないというのは思い込みというもの。現実を受け入れることでのみ、前に進めるのです。

ここで自律する機会を逃せば、途方に暮れたままの生活が続くだけだと気づかなければいけません。

料理もできない、掃除も洗濯もできない、近所づき合いもできないというのも思い込み。電化製品もあります、スーパーへ行けばなんでも売っています。今までしてこなかったことにチャレンジするのだと思えば、楽しさを見出すこともできるでしょう。そこまで来ればしめたもの。楽しい気分は幸せを呼び寄せます。友だちができ、趣味が広がり、生きていることの喜びを感じることができるのです。

「孤独死」と「孤高の満足死」では死後の世界が違う

孤独は依存心が作り出す心模様、孤高は依存せず自律して生きる姿勢と繰り返しお伝えしてきましたが、実は孤独に生きるか、孤高に生きるかは現世だけの問題ではないのです。この世は寂しいと思いながら生き、満たされなかったと思いながら死んだ人と、できることはできる、できないことはできないと悟り、自由な心で生きた人とでは、「死後の世界」が違います。

私たちのたましいは、まず現世と重なり合うように存在する「幽現界」へと移行します。ここに留まる時間は人それぞれですが、多くの場合、仏教でいうところの「四十九日」程度です。ところが寂しいと思いながら生き、孤独死をした人は、この世に執着を残し「幽現界」に留まり、中には未浄化霊になってしまうこともあります。

やっとの思いで現世への未練を断ち切り、「幽界」という次なるステージに向かったとしても、生きていたときの波長の高さ、つまり心のありようによって無数の断層に分かれている「幽界」で、暗い階層に向かうことになるのです。

一方、孤高の満足死をした人は、自己責任で生きることが身についているため、スッと「幽界」へ移行し、その上のステージである「霊界」へ進むために浄化（仏教でいう成仏）することに集中します。

たましいを浄化するためには孤高の生き方をするしかありません。なぜなら、あの世での自律は、孤高に生きることの延長線上にあるのですから。現世ではひとりで過ごすことのできなかった依存心の強い人が、あの世では孤高の姿勢で浄化の途《みち》を辿るなどということはあり得ないのです。

誰もがひとりで生まれてきたことを思えば、どのたましいも本当は自律しているはずなのに、親の教育方針によって依存という蜜の味を覚えてしまったが最後、依存中毒と化してしまうのです。

親はいつか死にます。親の財産や年金を頼りに生きていては、ひとりになったときに困りませんか？　きょうだいがいなければ、友だちがいなければ、恋人や夫がいなければ、何も決めることができないというようなことでどうするのですか。子どもは老後の面倒を見てくれるだろうか、とオロオロしている人生が素晴らしいと言えるでしょうか。

自分は依存心に翻弄されているという自覚があるなら、親から離れてひとり暮らしを始める。親と一緒に暮らしていても、掃除や洗濯、食事の支度は自分が担うと決めるなど生活スタイルを変えてみる。大切なのは実践することです。

心細いなと思うことがあっても「いやいや、自分のことなのだから」と自分を奮い立たせ、どうしようと悩むことがあっても「悩んでいてもしょうがない。やるしかないのだ」と自分に言い聞かせる。重要なのは考えることです。

思い切って依存心を捨てたら驚くほど自由に生きていくことができるようになった、自分で人生をコーディネートできることの幸せにもっと早く目覚めるべきだったという人を私はたくさん知っています。

この本を手にしたあなたにならできるはず。「このままではいけない」ということに気づいたあなたは、あと一歩というところまで来ています。自分を律し、自分を分析し、人生を豊かなものへと変えていきましょう。

二　本当の幸せとは、恐れることがないこと

永遠の幸せはあるのか？

永遠の幸せはあるのか、ないのか。幸せの捉え方によってあるとも言えるし、ないとも言えます。

裕福であることや地位や名誉を得ることや長寿であることを幸せだと捉えるのは、物質主義的価値観によるものですが、経済的なことも世間の評価も移ろいます。いくら長寿を祈っても人は必ず死を迎えます。そうである以上、永遠の幸せなどないと言えるのです。

人の寿命はさまざまですが、必ずしも長く生きることだけが意味のあることではありません。スピリチュアリズムでは、寿命は短くても長くても、どれだけ人生に思い

を込めて生きたかが大切だと説いています。

　本当の幸せとは失うことの怖れがないこと。財産を失うのではないか、地位や名誉を損なうのではないか、人に嫌われるのではないか、ひとりになってしまうのではないか、病気になってしまうのではないか、死んでしまうのではないか、愛する人との死別が怖い……。こうした不安や怖れを手放し、思い煩うことなく生きてこそ、人は幸せであり得るのです。

　そのためには「人はなぜ生まれ、なぜ生きるのか」という霊的哲学を心に備え、「たましいは永遠である」というスピリチュアリズムの教えを理解することが欠かせません。

　この世は不条理で、生まれたときからお金持ちの人もいれば、お金には縁のない人もいる。何度も結婚をする人がいる一方で一度も結婚しない人もいる。このことについて哲学者のカントは「死後の世界というものがなかったら、この世の真理は成り立たない」という言葉を残しています。

　正直者がバカを見るといったことも多い世の中ですが、現世で理不尽なまま終わってしまった人生も、来世では納得のいく展開を迎えるだろうと長い目で見ることが心の平和に繋がるのです。

たましいは永遠であるというスピリチュアリズムを理解せずして、どうして差別をしてはいけないのか、どうして虐待をしてはいけないのかといったことに説明がつくでしょうか。「波長の法則」を通して考えることができなければ、何があっても人のせい、「因果の法則」を知らなければ、自分さえよければ人を騙して上手く生きた者勝ちだということになってしまいます。

人は何度も生まれ変わる中であらゆる経験をします。現世では健常者に生まれた人も障害者として生きた前世がありました。現世では家族愛に恵まれた人も親の虐待を受けて育った前世がありました。自分も経験してきたことだから、我《わ》がことのように受け止める想像力を持って、支え合おう、だから寄り添おうという気持ちが湧いてくるのです。

やがて私たちのたましいは、それぞれの修行を終え、現世での経験を経て得た叡智を持ってひとつの光の中へ帰っていきます。光の中に溶け込み、再び前世で学ぶことのできなかった課題を持って現世へと生まれる。人は自分であり、自分もまた自分であって自分ではないのだと考えれば、自分本位であることの愚かさを理解することができるでしょう。自分だけが恵まれないと僻むことの幼さを悟ることができるでしょう。

本当の幸せとは利他愛で生きることです。自分さえよければいいという発想を持たずに生きることができるのは、孤高なたましいの持ち主だけ。自律心は目には見えない財産です。自律心は強く生きていくために備える宝です。その尊さに気づいたたましいは、永遠の幸せの中に存在し続けることができるのです。

孤高は素晴らしい

私はこれまでに数多くの死に接してきましたが、ひとり身の人が現世に未練を残し、未浄化霊となって彷徨う例を知りません。

理由は簡単で、最初から看取る人もいないと思っているし、亡くなったあとに手厚く供養してもらえるという期待もない。自分で葬儀社も決め、自分でお寺を決めて亡くなる方も珍しくないのですが、つまり一つひとつの事柄に対して腹括りができています。孤高に生きるというのは、かくも素晴らしいことなのです。

天涯孤独の人ほど加算法で物事を捉えているということも言えるでしょう。「供養してくれる人はいないと思っていたのに、市役所の人が供養してくれた。ラッキー！」と喜んでいるケースが多いのです。それでいて、あの世に行けば家族に会えるとばかりに、たちまち浄化していきます。

逆に家族の中で依存して生きてきた人のたましいは不平不満を抱えて、現世をフラフラしてしまいがち。「あの嫁は何もしてくれなかった」「息子は自分が死んでもケロリとしている」「あの人も葬儀に来なかった」などと悶々としたまま浄化できず、彷徨い続けてしまうのです。

ひとりで死ぬなんて浮かばれない、ひとりで死ぬなんて寂しいだろうなと、多くの人が天涯孤独で死ぬことに対する恐怖を抱いているようですが、そんなことはありません。ただし孤高を貫いていればの話。ひとりは孤独だという思い込みを持っている人にとっては、ひとりで死ぬことは怖いことでしかないでしょう。

孤独に死ぬも、孤高に死ぬも、その人次第だということを理解していただけたでしょうか。人はみな生まれたときから死に向かっていきます。一秒一瞬、死に近づいているのです。

スピリチュアリズムの真髄は「人はなぜ生まれ、いかにして生きるのか」を知ることにあるとお伝えしましたが、それはすなわち、生まれてきたことにも生きていることにも意味があるということ。**私たちは誰もがみな、現世に生まれたいと自ら望んで生まれてきました。さまざまな経験を通じて喜怒哀楽という感動を得るため、そして、そこから学びを得たいと望む勇敢なたましいの持ち主なのです。**

だから大丈夫。何も心配することはありません。望みどおりにこの世に生まれてきたことに対する感謝の気持ちを持ち続けていれば、道は必ず拓《ひら》けます。

巻末付録

スピリチュアリズムの定義である霊的真理「8つの法則」

幸せになるためには法則があります。ここで私が稀代《きたい》の霊媒エマ・ハーディング・ブリテンの霊界通信をもとにイギリスの国際スピリチュアリスト連合が定めた七大綱領を、より理解しやすい表現にまとめた「8つの法則」をご紹介します。

「8つの法則」

❶スピリットの法則
❷ステージ（階層）の法則
❸波長の法則
❹因果の法則
❺守護の法則
❻グループ・ソウルの法則

❼ 運命の法則
❽ 幸福の法則

私の本を読んだり、講座に参加してくださっているみなさんにはお馴染みの法則ですが、孤高に生きるということを踏まえながら網羅していきましょう。

❶ スピリットの法則

人はみな霊的存在です。私たちはみな、たましいの故郷である霊的世界からこの世に生まれ、たましいを成長させる学びをしています。肉体は現世を生きるための借り物。死んで肉体はなくなっても、たましいは生き続けます。

この「スピリットの法則」は、８つの法則の大前提です。

肉体は死んでもたましいは死なないということを理解すれば、死の恐怖、愛する人との死別、人生を刹那で不幸と捉える３つの苦しみから救われます。

死別した人ともあの世で必ず再会できる。また、人生たかだか80年と虚しさを覚えたり死んでしまいたいと虚無感に囚われることからも解き放たれるのです。

❷ ステージ（階層）の法則

霊的存在である私たちは、死後、現世で培ったたましいの成長に応じた場所へと移行します。この「ステージ（階層）の法則」を理解すれば、世の中にはいろいろな人がいるのだから、自分と他者を比べることに意味はないと悟ることができます。

❸ 波長の法則

そして「波長の法則」。この世にはこんなに人がいるけれど、出会える人は限られていて、しかもそれは偶然ではない。類は友を呼ぶのであり、自分と同じ波長を放つ人と出会うのです。そう思えば、よい人と出会いたければ自分の波長を磨くことが大切なのだと気づくでしょう。

❹ 因果の法則

続いて自分の蒔いた種は自分で刈り取ることになるという「因果の法則」。意地悪をすれば意地悪が返ってくる、親切にすれば親切が返ってくる。このことを意識して暮らせば、幸せな老後を迎えたければ、自立心と自律心を備えて生きなければいけないのだと、自ずと自分を律することができるのです。

❺守護の法則

自分にはいつも見守ってくれる「たましいの存在」がいて、たましいの成長を促すために、あえて苦難へと導くこともあるけれど、その人の乗り越えられない試練が与えられることはない。この「守護の法則」を知れば頑張り抜く力が生まれます。

❻グループ・ソウルの法則

私たちはひとりではなく、誰もが霊界にたましいの故郷を持っているという「グループ・ソウルの法則」に従って生きることは、自分だけがよければいいという小我を捨て去り、大我に目覚めることを意味します。

❼運命の法則

更に、運命は定められたものではなく、自ら創るものであるという「運命の法則」。

自ら選び取ったのだとわかれば、運命のせいにせず、責任主体で生きることができるのです。

❽幸福の法則

8つの法則はその一つひとつの法則が連動しており、どれも欠かすことができないというのが「幸福の法則」ですが、このことをよく理解し、実践することこそが孤高に生きることなのです。

孤高に生きることとは孤独に生きることとは違います。自律していれば、他者に心を惑わされることなく正しく向き合うことができる。更に故人のたましいとも心を通わせることができる。孤高に生き、孤高に死ぬ。このことを心に刻んで生きれば、恐れるものなど何もないのです。

おわりに

本書の中で私は繰り返し同じことをお伝えしています。それは孤独と孤高は違うと認識した上で、腹を括って生きることの大切さです。

ひとりで生きていくことに対して腹を括れと促しているのではありません。恋愛をしたければドンドン挑めばよいでしょう。何度結婚したっていいのだし、子どもを産めばいいのだし、離婚したければすればいいのです。

経済的にも精神的にも自律すれば、ひとりでいるにせよ、恋人と過ごすにせよ、結婚するにせよ、離婚を選択するにせよ、幼稚な自分から脱却し、成熟したたましいで受け止めることができます。成熟したたましいをもってすれば、経験したすべてのことを味わい深く豊潤な人生の糧《かて》とすることができるのです。

孤高で生きていれば、誰かとつき合うにしても、依存を手放した対等な関係が生まれます。相手に迎合することも、不満を募らせながら一緒にいる必要もありません。結婚するにせよ、しないにせよ、自分で決めたことだという気持ちがあれば心が乱れることはないのです。たとえ別れのときが来ても、去る者は追わずと決めていれば、相手に縋《すが》ることも、未練に苦しむこともない。ただ縁がなかったのだと受け入れるだけで前に進んでいくことができます。それでいて、縁があればまたいつか再会できると希望を抱くこともできるのです。

人生は旅。現世にやってきて、出会いや別れといった人生の名所を巡り、喜怒哀楽という感動をおみやげにたましいの故郷へとお里帰りをする。その営みを幾度も繰り返しながら、たましいを向上させていくことが私たちの使命です。

けれど人生が100年としても、100年の中でできることなど限られています。その限られた人生を有意義に生きるためには祈ることが大切なのです。

祈るというのは神頼みをすることを言うのではなく、内観することを言います。自分と向き合い、自分という素材を見極め、現実を受け入れるために祈るのです。そして自分の進むべき道を決めたら、「そのことに向かって努力します」と神に誓う。それこそが本当の祈りです。

自分を見つめるための祈りは、人生が上手く運んでいるときも停滞しているときも怠ってはいけません。たとえ地獄の中を這いずり回っているときでさえ、祈ることを忘れないでください。

どんなに理不尽な出来事であっても、そこには必ず学びがあります。自分の何がいけなかったのだろう？　と冷静に分析することができる人だけに迷路から抜け出すためのヒントが与えられます。更に感情を捨て、理性を持って物事を見つめることで出口へと続く順路が示されるのです。

ある程度生きていれば「8つの法則」は確かにあると納得がいくはず。あの人となぜ出会ったのだろう？　と問えば、「波長の法則」に行きつきます。人の悪い行いを見て、「あれでは幸せになれないだろうな」と思うのも、「因果の法則」を意識しているからではないでしょうか。霊能力があるかどうかにかかわらず、丁寧に生きている人はみなスピリチュアリストなのです。

スピリチュアリズムの真理を肌身で感じ、人生哲学について学び、実践すれば、どんな試練にも動じることがなくなります。それこそが幸せに生きること。

しかも現世での学びには落第がありません。自己責任で生きることの大切さに気づき、自律して生きなくてはと悟るまで、幾らでもチャンスが与えられるのです。

孤高に生きることを唱道した本書が、あなたの生きることに対する怖れを取り除き、一度きりの人生を自分の力で輝くものにしてみせるという勇気や希望に繋がることを願ってやみません。

江原啓之

スピリチュアリスト。一般財団法人日本スピリチュアリズム協会代表理事。1989年にスピリチュアリズム研究所を設立。主な著書に『幸運を引きよせるスピリチュアル・ブック』(三笠書房)、『あなたは「死に方」を決めている』(中央公論新社)、『あなたの呪縛を解く霊的儀礼』『災いから身を守る霊的秘儀』(共に講談社ビーシー)などがある。オペラ歌手としても活躍。二期会会員。

幸せに生きる ひとりの法則

2015年3月10日　第1刷発行
2022年5月15日　第12刷発行

著　者　江原啓之
発行者　見城 徹
発行所　株式会社 幻冬舎
GENTOSHA
〒151-0051東京都渋谷区千駄ヶ谷4-9-7
電話　03(5411)6211(編集)　03(5411)6222(営業)
振替00120-8-767643
印刷・製本所　中央精版印刷株式会社

検印廃止

万一、落丁乱丁のある場合は送料小社負担でお取替致します。小社宛にお送り下さい。本書の一部あるいは全部を無断で複写複製することは、法律で認められた場合を除き、著作権の侵害となります。定価はカバーに表示してあります。

©HIROYUKI EHARA, GENTOSHA 2015 Printed in Japan

ISBN978-4-344-02732-9　C0095
幻冬舎ホームページアドレス　https://www.gentosha.co.jp/
この本に関するご意見・ご感想をメールでお寄せいただく場合は、comment@gentosha.co.jp まで。